山东省教育科学规划课题"新时代中学生
与实施策略研究"（课题批准号：2020Y
山东省首届齐鲁名师领航工作室黄万强名师工作室研究成果

在坚定理想信念上下功夫

新时代中学生理想信念教育研究

黄万强　主编

济南出版社

图书在版编目（CIP）数据

在坚定理想信念上下功夫：新时代中学生理想信念教育研究 / 黄万强主编. -- 济南：济南出版社，2024.8. -- ISBN 978-7-5488-6659-6

Ⅰ.G631

中国国家版本馆 CIP 数据核字第 20240HA527 号

在坚定理想信念上下功夫
新时代中学生理想信念教育研究
ZAI JIANDING LIXIANG XINNIAN SHANG XIA GONGFU
XINSHIDAI ZHONGXUESHENG LIXIANG XINNIAN JIAOYU YANJIU

黄万强　主编

出 版 人	谢金岭
责任编辑	乔俊连　戴　月　张　静
装帧设计	刘　畅

出版发行　济南出版社
地　　址　山东省济南市二环南路1号（250002）
总 编 室　0531-86131715
印　　刷　济南乾丰云印刷科技有限公司
版　　次　2024年8月第1版
印　　次　2024年8月第1次印刷
开　　本　170mm×240mm　16开
印　　张　14.5
字　　数　196千字
书　　号　ISBN 978-7-5488-6659-6
定　　价　68.00元

如有印装质量问题　请与出版社出版部联系调换
电话：0531-86131716

版权所有　盗版必究

编委会

主　编　黄万强
副主编　刘　磊　张　伟　曲妍洁　刘　慧　周　蕾
编　委　陈　晶　齐纳纳　李元清　张梅玲　邢　敏
　　　　　顾　业　王　慧　徐海霞　于晓丽　张春燕
　　　　　邢文晶　马鑫源　黑乃娜　刘　蕾　张　超
　　　　　邢小冬　迟晓梅　张　良　刘敬霞　张敏敏
　　　　　梁业凤　王　坤　蒋红红　徐　欣　马　丹

前　言

　　党的十八大以来，中国特色社会主义进入新时代。以习近平同志为核心的党中央高度重视青少年学生理想信念教育，对坚定理想信念的科学内涵、时代意蕴以及在新时代条件下怎样坚定理想信念等问题进行了系统深刻阐述。习近平总书记在全国教育大会上指出："要在坚定理想信念上下功夫，教育引导学生树立共产主义远大理想和中国特色社会主义共同理想，增强学生的中国特色社会主义道路自信、理论自信、制度自信、文化自信，立志肩负起民族复兴的时代重任。"全面贯彻党的教育方针，完成立德树人根本任务，必须加强新时代中学生理想信念教育。增强理想信念教育的针对性和实效性，这是德育工作者的政治责任和时代使命。基于这种责任与使命，经山东省教育科学规划课题领导小组办公室批准立项，我们启动了"新时代中学生理想信念教育内容构建与实施策略研究"的课题研究工作。

　　本课题研究紧扣时代脉搏，立足中学生群体的特殊性，从时代要求与现状分析、理论思辨与体系构建、实践探索与整体推进等方面对新时代中学生理想信念教育的理论与实践进行积极的探索，试图从理论与实践的结合上明确新时代中学生理想信念教育的内涵，对新时代中学生理想信念教育的内容进行系统构建，研究新时代中学生理想信念教育的现状、存在问题与成因，提供一套对中学生进行理想信念教育的基础模型与框架，为相应政策研究和制定提供可靠依据。我们依据实证研究结果，深入研究初高中理想信念教育一体化与差异化，深化新时代中学生理想信念形成机制研究，提出有针对性的策略，实现由理论到实践的迁移，以切实增强学校德育工作成效，全面提升中学生思想政治素质。

通过学习习近平总书记关于教育的重要论述，学习党和国家关于德育工作的有关文件，我们认为，新时代中学生理想信念教育内容架构应包括：马列主义和马克思主义中国化时代化成果学习教育，特别是习近平新时代中国特色社会主义思想学习教育；中国历史特别是近现代史教育；革命文化教育；中国特色社会主义宣传教育，集中表现为中国特色社会主义道路自信、理论自信、制度自信、文化自信教育；中国梦主题宣传教育；时事政策教育；等等。这些内容相互联系、相互贯通，构成完整的新时代中学生理想信念教育内容体系。

经过广泛的问卷调查和访谈，我们发现，从总体上看，新时代中学生有着较为坚定的共产主义远大理想，他们自觉拥护中国共产党的领导，认同中国特色社会主义，坚定"四个自信"，具有自觉承担民族复兴大任的使命感和责任感。思政课发挥着理想信念教育主阵地作用，各类教育资源有效助力理想信念教育。新时代中学生理想信念教育取得明显成效，但也存在着内容功利化、途径狭窄、方法单一等问题。为此，需要完善新时代中学生理想信念教育实施机制，充分发挥思政课关键课程的作用，大力发挥其他学科德育渗透的作用，积极发挥学校党团组织及班级教育的作用，努力发挥家庭教育和社会教育的作用，坚持课程育人、管理育人、文化育人、实践育人和协同育人。通过对新时代中学生理想信念教育的实施路径进行系统整合与梳理，引导中学生学习党的最新创新理论，领会国家发展使命，树立远大奋斗理想，坚定中国特色社会主义信念。

特别感谢国家二级教授、享受国务院政府特殊津贴专家、鲁东大学博士生导师苏春景，山东师范大学马克思主义学院教授、博士生导师李寒梅两位老师对本课题研究的悉心指导。衷心感谢山东省济南市教育教学研究院院长刘庆华和济南出版社编辑团队对本书出版的大力支持。另外，本书还学习借鉴了不少专家、学者的研究成果，在此也一并致谢。

"征途漫漫，唯有奋斗。"新时代中学生理想信念教育是一个全面系统工程，我们的探索和研究只是初步的，我们会不懈努力。由于水平所限，书中对一些问题的分析会有不全面或者不恰当的地方，恳请专家、学者批评指正。

编　者
2022 年 12 月 26 日

目 录

第一章　新时代中学生理想信念教育概述 …………………… 1

　　第一节　新时代中学生理想信念教育的时代背景 …………… 4
　　第二节　新时代中学生理想信念教育的价值定位 …………… 14

第二章　新时代中学生理想信念教育内容架构 ………………… 29

　　第一节　马列主义和马克思主义中国化时代化成果的学习教育 … 29
　　第二节　中国近现代史教育 …………………………………… 34
　　第三节　革命文化教育 ………………………………………… 38
　　第四节　中国特色社会主义宣传教育 ………………………… 43
　　第五节　中国梦主题宣传教育 ………………………………… 48
　　第六节　时事政策教育 ………………………………………… 53

第三章　新时代中学生理想信念教育现状分析 ………………… 57

　　第一节　新时代中学生理想信念教育取得显著成效 ………… 57
　　第二节　新时代中学生理想信念教育存在的主要问题 ……… 77
　　第三节　新时代中学生理想信念教育的特点 ………………… 94

第四章　新时代中学生理想信念教育影响因素分析 ……… 108

　　第一节　学校教育因素 ……………………………………… 108
　　第二节　家庭教育因素 ……………………………………… 120
　　第三节　社会环境因素 ……………………………………… 132

第五章　新时代中学生理想信念教育实施路径与策略 ……… 143

　　第一节　充分发挥思政课关键课程的作用 ………………… 143
　　第二节　注重发挥其他学科德育渗透的作用 ……………… 154
　　第三节　努力发挥学校党团组织和班级教育的作用 ……… 163
　　第四节　积极发挥家庭和社会教育的作用 ………………… 171
　　第五节　大中小学一体化框架下的中学生理想信念教育 … 177

第六章　新时代中学生理想信念教育的实践探索 ……………… 188

　　第一节　明德尚实　活动引领　创新施教
　　　　　　——济南市莱芜第一中学理想信念教育实践探索 ……… 188
　　第二节　补足精神之"钙"　加强理想信念教育
　　　　　　——济南新航实验外国语学校理想信念教育的实践探索
　　　　　　……………………………………………………… 200

附录　新时代中学生理想信念教育现状调查问卷 ……………… 219

第一章 新时代中学生理想信念教育概述

党的十八大以来,以习近平同志为核心的党中央高度重视青年学生理想信念教育,对坚定理想信念的科学内涵和时代意蕴以及在新时代条件下怎样坚定理想信念等问题进行了深刻阐述。

2013年5月2日,习近平总书记给北大考古文博学院2009级本科团支部全体同学回信指出:"只有把人生理想融入国家和民族的事业中,才能最终成就一番事业。希望你们珍惜韶华、奋发有为,勇做走在时代前面的奋进者、开拓者、奉献者,努力使自己成为祖国建设的有用之才、栋梁之材,为实现中国梦奉献智慧和力量。"①

2013年5月4日,习近平总书记来到中国航天科技集团公司中国空间技术研究院,参加共青团"实现中国梦、青春勇担当"主题团日活动。在同各界优秀青年代表座谈时,习近平总书记指出:"历史和现实都告诉我们,青年一代有理想、有担当,国家就有前途,民族就有希望,实现我们的发展目标就有源源不断的强大力量。"②

---

① 习近平给大学生回信:勇做走在时代前面的奋进者开拓者奉献者[N]. 人民日报,2013-05-05.
② 习近平. 在同各界优秀青年代表座谈时的讲话[N]. 人民日报,2013-05-05(2).

2016年4月，习近平总书记在安徽同来自全国各地的70多名知识分子、劳动模范、青年代表座谈时指出，实现中华民族伟大复兴的中国梦，需要一代又一代有志青年接续奋斗。广大青年要自觉践行社会主义核心价值观，不断养成高尚品格。要以国家富强、人民幸福为己任，胸怀理想、志存高远，积极投身中国特色社会主义伟大实践，并为之终生奋斗。要加强思想道德修养，弘扬爱国主义、集体主义精神，自觉遵守社会公德、职业道德、家庭美德。要坚持艰苦奋斗，不贪图安逸，不惧怕困难，不怨天尤人，依靠勤劳和汗水开辟人生和事业前程。青年的人生之路很长，心中有阳光，脚下有力量，为了理想能坚持、不懈怠，才能创造无愧于时代的人生。①

2017年10月，习近平总书记在党的十九大报告中指出："广大青年要坚定理想信念，志存高远，脚踏实地，勇做时代的弄潮儿，在实现中国梦的生动实践中放飞青春梦想，在为人民利益的不懈奋斗中书写人生华章！"②

2018年9月，习近平总书记在全国教育大会上强调，要在坚定理想信念上下功夫，教育引导学生树立共产主义远大理想和中国特色社会主义共同理想。③

2019年5月，习近平总书记在纪念五四运动100周年大会上再次强调，青年的理想信念关乎国家未来。青年理想远大、信念坚定，是一个国家、一个民族无坚不摧的前进动力。④

---

① 习近平. 在知识分子、劳动模范、青年代表座谈会上的讲话［N］. 人民日报，2016－04－30（1）.

② 习近平. 决胜全面建成小康社会 夺取新时代中国特色社会主义伟大胜利——在中国共产党第十九次全国代表大会上的报告［M］. 北京：人民出版社，2017.

③ 习近平在全国教育大会上强调 坚持中国特色社会主义教育发展道路 培养德智体美劳全面发展的社会主义建设者和接班人［N］. 人民日报，2018－09－11（1）.

④ 习近平. 在纪念五四运动100周年大会上的讲话［N］. 人民日报，2019－05－01（2）.

2021年4月，习近平总书记在清华大学考察时深刻指出，广大青年要爱国爱民，从党史学习中激发信仰、获得启发、汲取力量，不断坚定"四个自信"，不断增强做中国人的志气、骨气、底气，树立为祖国为人民永久奋斗、赤诚奉献的坚定理想。①

2021年7月1日，习近平总书记在庆祝中国共产党成立100周年大会上深刻指出，未来属于青年，希望寄予青年。一百多年前，一群新青年高举马克思主义思想火炬，在风雨如晦的中国苦苦探寻民族复兴的前途。一百多年来，在中国共产党的旗帜下，一代代中国青年把青春奋斗融入党和人民事业，成为实现中华民族伟大复兴的先锋力量。新时代的中国青年要以实现中华民族伟大复兴为己任，增强做中国人的志气、骨气、底气，不负时代，不负韶华，不负党和人民的殷切期望！②

2022年5月，习近平总书记在庆祝中国共产主义青年团成立100周年大会上强调，追求进步，是青年最宝贵的特质，也是党和人民最殷切的希望。新时代的广大共青团员，要做理想远大、信念坚定的模范，带头学习马克思主义理论，树立共产主义远大理想和中国特色社会主义共同理想，自觉践行社会主义核心价值观，大力弘扬爱国主义精神。③

2022年10月，习近平总书记在党的二十大报告中指出："广大青年要坚定不移听党话、跟党走，怀抱梦想又脚踏实地，敢想敢为又善作善成，立志做有理想、敢担当、能吃苦、肯奋斗的新时代好青年，让青春在全面建设社会主义现代化国家的火热实践中绽放绚丽之花。"④ 对当代青年成

---

① 习近平. 在清华大学考察时的讲话［N］. 人民日报，2021－04－20（1）.
② 习近平. 在庆祝中国共产党成立100周年大会上的讲话［N］. 人民日报，2021－07－02（1）.
③ 习近平. 在庆祝中国共产主义青年团成立100周年大会上的讲话［N］. 人民日报，2022－05－11（1）.
④ 习近平. 高举中国特色社会主义伟大旗帜　为全面建设社会主义现代化国家而团结奋斗——在中国共产党第二十次全国代表大会上的报告［N］. 人民日报，2022－10－26（1）.

长提出明确要求，为新时代新征程打造理想信念坚定的青年一代指明了方向。

作为肩负民族复兴大任的新时代中学生，能否坚定理想信念，事关他们的健康成长，事关党和国家各项事业的兴衰成败，因此，必须充分认识新时代加强中学生理想信念教育的重要性，明确新时代中学生理想信念教育的目标任务和实施路径，这是新时代赋予教育工作者的重要使命。

第一节 新时代中学生理想信念教育的时代背景

一、理想信念教育的基本内涵

理想是人们对于未来事物的期盼和想象，是人们在实践过程中形成的、可能成为现实的美好希冀。信念是个体通过自身认知对某种观点、思想或事物深信不疑并植根于内心深处的准则或意识。理想信念是个人奋斗的精神支柱和前进的动力之源，是人们在实现自我价值和追求目标的过程中形成的一种高度自觉的意识，它会随时鞭策、激励、警醒奋斗者。而中学生理想信念教育，则是针对中学阶段的学生，运用有效的途径和方法给予其政治引领、目标导向和精神动力，使他们最终形成正确的世界观、人生观和价值观。

理想并不是凭空产生的，它是基于人们的世界观、人生观、价值观而产生的，同时又是基于社会生活实践而产生的精神活动。从人的内部与外部、主观与客观的关系看，人的理想可以分为个人理想和社会理想。其中，人的个人理想更倾向于个人利益，社会理想更多体现社会大众以及大多数人的利益。

在我国，"信念"这个词出自《南史·范晔传》。"信念"往往表示相信的意思，同时在思想政治教育范畴也有相应的内涵，信念通常表示人对某些思想或者事物深信不疑并且愿意付诸实践的一种心理状态，且信念是由三种基本要素结合而成，即认知、情感和意志。①

根据以上对于信念的释义，我们认为，信念一般是指人对一定政治理论、政治思想和政治主张坚定不移相信的一种心理状态。而理想和信念具有十分密切的关系，信念是人们实现理想的一种坚定不移的精神动力和心理状态，又是达成理想的必要前提，因此信念往往决定着理想的方向与内容，为理想提供前进的动力，为理想提供强大的精神支持。

理想信念教育指教育者利用一定的手段，依据社会要求对受教育者施加有目的、有组织、有计划的影响，使其形成坚定的理想信念的活动。

理想信念教育在不同的时期和群体中有不同的内涵和形式，本课题研究的是新时代中学生的理想信念教育。教育部《中小学德育工作指南》对理想信念教育提出以下要求："开展马列主义、毛泽东思想学习教育，加强中国特色社会主义理论体系学习教育，引导学生深入学习习近平总书记系列重要讲话精神，领会党中央治国理政新理念新思想新战略。加强中国历史特别是近现代史教育、革命文化教育、中国特色社会主义宣传教育、中国梦主题宣传教育、时事政策教育，引导学生深入了解中国革命史、中国共产党史、改革开放史和社会主义发展史，继承革命传统，传承红色基因，深刻领会实现中华民族伟大复兴是中华民族近代以来最伟大的梦想，培养学生对党的政治认同、情感认同、价值认同，不断树立为共产主义远大理想和中国特色社会主义共同理想而奋斗的信念和信心。"

二、中学生理想信念教育的主要内容

结合党的最新理论创新成果，本课题组研究认为，中学生理想信念教育的主要内容应当包括：

---

① 陈万柏，张耀灿.思想政治教育学原理［M］.北京：高等教育出版社，2007：102.

(1) 马列主义学习教育；马克思主义中国化时代化成果学习教育，特别是习近平新时代中国特色社会主义思想学习教育；

(2) 中国历史特别是近现代史教育；

(3) 革命文化教育；

(4) 中国特色社会主义宣传教育；

(5) 中国梦主题宣传教育；

(6) 时事政策教育。

三、新时代中学生理想信念教育的国际国内背景

理想信念具有鲜明的时代性，每一代人的理想信念都受到各自时代背景的影响，每一代人都要形成与时代背景相适应的理想信念。

新时代的中学生是未来社会发展的生力军，是社会主义事业的建设者和接班人。国家、民族的繁荣昌盛都与中学生的理想信念密切相关。中国特色社会主义进入新时代，必须明确新时代中学生理想信念教育的时代要求。

(一) 国际背景

当今世界正处于百年未有之大变局，是党的十八大以后，习近平总书记科学分析世界形势发展变化而提出并反复强调的一个重大战略判断。

世界大变局的首要动向是，国际秩序和国际力量对比正在发生根本变化。回顾历史，今天的世界格局是第一次世界大战之后国际秩序逐步演变的结果。第一次世界大战后，通过巴黎和会和华盛顿会议，帝国主义列强建立了"凡尔赛—华盛顿"体系，确立了帝国主义在欧洲、西亚、非洲、东亚以及太平洋地区的统治秩序，美国逐步取代英国成为西方阵营领袖和世界秩序主导者。经过第二次世界大战之后的雅尔塔体系，冷战后的东欧剧变、苏联解体，全球秩序不断重构，美国逐步实现独霸世界。21世纪以来，随着世界多极化、经济全球化、社会信息化、文化多样化深入发展，

新兴市场国家和一大批发展中国家快速崛起，国际影响力不断增强，西方发达国家的世界主导地位持续走弱，国际格局呈现相对均衡的发展态势。这是第一次世界大战后一百多年国际秩序和国际力量对比中最具革命性的变化。

近代以来，人类历史经历的三次大的技术革命，推动人类社会相继进入"蒸汽时代""电气时代"和"信息时代"，由此带来了世界经济的飞跃性发展以及国际权力格局的重塑。当前，以人工智能、大数据、物联网、太空技术、生物技术、量子科技为代表的新科技革命正在全面酝酿，由此推动了新产业、新业态、新模式的巨大发展，带来了人们生产方式、生活方式、思维方式的显著变化。与科技革命和产业革命相伴随的是，人类社会在思想和制度层面也在不断推陈出新，从封建制度、资本主义制度到社会主义制度，每一次社会制度创新都推动了生产力的巨大发展和人的更大程度解放。当前时代，各主要国家纷纷以科技发展和制度创新为依托，以重塑国际规则为手段，推动国际力量对比和国际秩序不断演变和调整，世界范围的利益、权力和观念格局都在发生富有历史意义的大变化。科学技术从来没有像今天这样深刻影响着世界各国的前途命运和人民的生产生活。

当今世界正经历百年未有之大变局。就挑战而言，存在三个方面的赤字问题。一是治理赤字。全球性挑战日益突出，但缺乏有效的全球应对，单边主义、保护主义思潮抬头，全球治理体系和多边机制受到冲击。二是信任赤字。国际竞争摩擦上升，地缘博弈色彩加重，冷战思维和工具被重新拾起，国际社会信任与合作根基受到侵蚀。三是发展赤字。全球发展失衡，特别是收入分配不平等、发展空间不平衡成为国际社会面临的最突出问题，成为一些国家社会动荡的重要原因。世界经济陷入深度衰退，各国面临许多共同威胁，都处在一个更加不稳定、不确定的世界中，没有哪个国家能够独自应对或独善其身。

中国有着五千多年文明史,是当今世界最大的发展中国家,最大的社会主义国家。新中国成立以来,特别是改革开放以来,中国逐步走向世界。中国走向世界的过程,也是中国持续快速发展的过程,随着经济实力、科技实力的发展壮大,中国的国际地位显著提高,国际影响力、感召力、塑造力显著提升。中国的经济总量稳居世界第二位,对世界经济增长贡献率超过30%,成为世界经济增长的主要动力源,成为世界巨大不确定性中的重要稳定性力量。

当前复杂严峻的国际形势和接踵而至的风险挑战,以及经济全球化带来的西方价值观念的渗透,都会对中学生理想信念带来影响。我们必须深刻认识新的国际背景下中学生成长的新特点,国际化的影响既是压力也是动力,西方价值观念的渗透既是冲击也是契机。我们要找准开展中学生理想信念教育的着力点,不断创新工作方法,丰富教育途径,不断增强新时代中学生理想信念教育的针对性和实效性。

(二)国内背景

随着中国特色社会主义进入新时代,党和国家对教育工作提出了新要求。在2018年8月全国宣传思想工作会议上,习近平总书记指出,要把培养担当民族复兴大任的时代新人作为重要职责,重中之重是要以坚定的理想信念筑牢精神之基。习近平总书记在2018年9月的全国教育大会上强调,要教育引导学生树立共产主义远大理想和中国特色社会主义共同理想。一个民族的历史是一个民族安身立命的基础。各级各类学校要加强中国历史特别是中国近现代史、中国革命史、中国共产党史、中华人民共和国史、中国改革开放史等的教育,使学生们认识到,只有社会主义才能救中国,只有中国特色社会主义才能发展中国,才能实现中华民族伟大复兴。作为同新时代共同前进的一代以及社会主义建设者和接班人,要自觉树立与时代主题同心同向的理想信念,立志肩负起民族复兴的时代重任。①

通过对习近平总书记关于新时代理想信念教育的各种讲话进行系统总结和概括,本课题组研究认为,新时代中学生理想信念教育的核心内涵是:引导新时代中学生牢固树立共产主义远大理想和中国特色社会主义共同理想。

2017年5月,习近平总书记在中国政法大学考察时强调,中国的未来属于青年,中华民族的未来也属于青年。青年一代的理想信念、精神状态、综合素质,是一个国家发展活力的重要体现,也是一个国家核心竞争力的重要因素。② 当今中国最鲜明的时代主题,就是实现"两个一百年"奋斗目标、实现中华民族伟大复兴的中国梦。当代青年要树立与这个时代主题同心同向的理想信念,勇于担当这个时代赋予的历史责任,励志勤学、刻苦磨炼,在激情奋斗中绽放青春光芒、健康成长进步。

面对世界格局发生的诸多新变化,中国建设现代化强国最重要、最关键的是紧紧抓住青年人才这一核心竞争力,重视对青年一代理想信念的教育和引导。这些新变化时刻呼吁着青年要敢于打破旧局、勇于突破常规、善于开拓新局,有破釜沉舟的勇气,有明辨是非的能力,有虚怀若谷的正气,有胸怀天下的意识,来感应时代召唤、践行时代要求。世界和国家的发展都需要青年。新时代青年生逢其时,奋进正当其时。只有中国青年志存高远,树立坚定的理想信念,正确看待人类社会的发展进程,正确看待世界格局发生的新变化,正确看待中国和世界的历史、现在和未来,才能使中华民族永久屹立于世界民族之林。

新时代中学生理想信念教育要与国家发展相适应、与教育目标相一

---

① 本书编写组. 习近平总书记教育重要论述讲义 [M]. 北京:高等教育出版社,2021:60—61.
② 习近平在中国政法大学考察 [N]. 人民日报,2017-05-04(1).

致。一方面，从层次上说，理想可以分为个人理想和社会理想。个人理想是每个学生自身的理想目标，指向个人的需要满足和成长发展。而社会理想是整个学生群体的共同理想，则要与国家发展方向和中心任务相适应。习近平总书记在党的十九大报告中明确指出，"坚持和发展中国特色社会主义，总任务是实现社会主义现代化和中华民族伟大复兴"[①]。这也为新时代下青年理想信念教育提出了要求。我们要引导广大青年树立中国特色社会主义共同理想，勇于承担中华民族伟大复兴的责任担当。另一方面，理想信念教育是教育的重要组成部分，必然要与教育目标相一致，统一于党的教育方针。关于学校"培养什么样的人"的问题，习近平总书记在全国教育大会的讲话中给了明确的答案："培养什么人，是教育的首要问题。我国是中国共产党领导的社会主义国家，这就决定了我们的教育必须把培养社会主义建设者和接班人作为根本任务，培养一代又一代拥护中国共产党领导和我国社会主义制度、立志为中国特色社会主义奋斗终身的有用人才。"[②] 因此，开展理想信念教育要引导广大青年树立为建设社会主义、最终实现共产主义而奋斗的坚定信念。此外，新时代为青年实现人生价值提供了宝贵机遇和施展平台。

党的二十大报告再次强调，全面建成社会主义现代化强国，总的战略安排是分两步走：从 2020 年到 2035 年基本实现社会主义现代化；从 2035 年到 21 世纪中叶把我国建成富强民主文明和谐美丽的社会主义现代化强国。

"当代青年是同新时代共同前进的一代。我们面临的新时代，既是近

---

① 习近平. 决胜全面建成小康社会　夺取新时代中国特色社会主义伟大胜利——在中国共产党第十九次全国代表大会上的报告 [M]. 北京：人民出版社，2017.
② 习近平在全国教育大会上强调　坚持中国特色社会主义教育发展道路　培养德智体美劳全面发展的社会主义建设者和接班人 [N]. 人民日报，2018－09－11 (1).

代以来中华民族发展的最好时代,也是实现中华民族伟大复兴的最关键时代。"① 展望全面建成社会主义现代化强国"两步走"的发展战略,比较青年学生的成长阶段可以发现,新时代的发展历程和青年学生的成长轨迹同向同行。开展理想信念教育,要准确领会时代背景,明确培养目标,把握机遇平台,引导青年学生从小树立崇高理想,练就过硬本领,敢于担当责任,将个人理想与时代责任相结合,在全面建设社会主义现代化国家、实现中华民族伟大复兴的火热实践中绽放青春光彩。

四、影响中学生理想信念教育的主要因素

课题组的问卷调查和访谈表明,新时代中学生整体思想状况良好,理想信念和价值观呈良性发展态势,民族自尊心、自信心、自豪感得到前所未有的提升,爱党爱国爱社会主义的情感更加强烈。就总体而言,新时代中学生理想信念状况的主流是积极、健康、向上的。他们对祖国的前途命运十分关心,认识到个人的命运与国家民族的发展是紧密相连的。在思想政治方面,他们热爱党,热爱社会主义,拥护现阶段党的路线方针政策,对坚持走中国特色社会主义道路、对全面建成社会主义现代化强国的宏伟目标充满信心。在日常学习和生活中,他们思想活跃,自尊意识突出,成人成才愿望强烈。

但是,我们也应该清醒地认识到,随着经济全球化进程的日益深入,西方价值观念带来的冲击,某些腐朽落后的生活方式的侵蚀,有些青年学生也不同程度地存在政治信仰迷茫、理想信念模糊、价值取向扭曲、诚信意识淡薄、社会责任感缺乏、艰苦奋斗精神淡化、团结协作观念较差、心理素质欠佳等问题。对于青年学生理想信念方面出现的这些问题,我们既不能忽视,也不能回避。因为,要实现中华民族伟大复兴的中国梦,青年

---

① 习近平. 在北京大学师生座谈会上的讲话 [N]. 人民日报,2018-05-03(2).

学生的理想信念状况至关重要。青年学生的素质是确保我国在激烈的国际竞争中始终立于不败之地的关键，而理想信念是青年学生素质中的关键要素。

（一）社会教育环境的影响

当今时代，世界正经历百年未有之大变局，各种思想文化交融交锋交汇，社会思潮多元并存，思想碰撞、文化竞争、价值冲突愈加尖锐复杂，这是当代中学生理想信念教育不可脱离的时代场域。① 第一，随着互联网信息技术的快速发展，以及互联网开放共享的特点，各种短视频 App、网络游戏等承载着低级恶俗的负能量信息，各种不良价值观言论充斥着网络空间，削弱了主流意识形态的引领力，严重影响青少年学生正确价值观的塑造。第二，多元文化的冲击，使得身心尚未成熟的青少年学生陷入文化选择的困境，一些消极腐朽的文化不同程度地削弱了中学生理想信念教育的实效性。第三，中国正处于社会结构调整期和利益格局重塑期，一方面在市场经济驱动下，社会上产生了拜金主义、享乐主义和利己主义等一些价值标准的错位；另一方面，西方国家鼓吹的个人主义、实用主义、自由主义等错误思潮，严重干扰了青少年学生的价值选择，进而引发中学生理想信念的偏差。

（二）学校教育环境的影响

近年来，我国基础教育强化素质教育，不断增强对学生理想信念教育的重视程度，取得了值得充分肯定的成绩，但是我们也应看到教育过程中仍然存在有待改进之处。如：理想信念教育具体内容需要跟上时代的步伐，紧贴现实生活；理想信念教育的方法需要灵活多变，适应学生发展的

---

① 邵捷，李艳. 培育时代新人的三重维度 [J]. 党建与思想教育，2020 (17)：49 - 53.

实际；理想信念教育者的素质需要提高，在思想政治素质、道德素质、文化素质、教学能力等方面加以提升；加大校园宣传力度，保证中学生理想信念教育有一个良好的学校环境；等等。

(三) 家庭教育环境的影响

良好的家庭教育，对于学生的影响是终生的，父母的言行举止、教育的方式方法对孩子日后的成才具有决定性的作用。父母的思想品德、为人处事、待人接物等方面的特点及习惯对孩子影响重大，孩子在成长过程中会潜移默化地向家长看齐。然而在很多家庭中，家长更加注重学生的生活需要，只在物质上给孩子提供支持帮助，在教育理念上认为孩子就应该好好学习，只要成绩上去就行了，不需要进行理想信念教育。观念上的误区使孩子缺少了更加直接的理想信念教育机会。

五、新时代中学生理想信念教育的问题审视

(一) 学校对理想信念教育重视程度不够、教学手段不科学

有些学校以升学率为先，对学生的理想信念教育重视程度不够，没有进行系统、深入思考，没有形成科学的教育机制和方法。有些教育者对理想信念教育的主要内容和着力点认识不清、不够坚定，明显降低了教育的说服力与感染力，难以在理想信念教育方面对学生产生积极影响；因为个别教育者对理想信念的不坚定、不认同，他们也没有动力去探索理想信念教育的有效方法和科学手段；有些教育者没有考虑学生的实际接受情况和疑惑点，理想信念教育缺乏针对性。这些问题的存在，导致学校、教育工作者难以激发学生接受理想信念教育的主动性、积极性和热情，理想信念教育难以取得实际成效。

(二) 中学生的心理特点、功利化思维给理想信念教育带来困难

中学生由于学习成长环境的压力，接触社会机会较少，思想单纯，一

部分学生生活环境优越，抗挫折能力较差，接触西方观念较多，以自我为中心，等等，这些特质使得原来的传统理想信念教育难以奏效。在家长和学校功利化思维的影响下，个别学生或者没有理想，满足于当下，只注重实际，变得浮躁、短视和狭隘；或者有理想，但只是个人的理想，比如取得好成绩，考上好大学，找一个稳定的工作，等等，大多缺少社会理想，缺少责任感与使命感。在文化多元化情形下，拜金主义、享乐主义、个人主义等思想严重影响学生的身心健康发展，进一步阻碍了学生崇高理想信念的树立。

第二节　新时代中学生理想信念教育的价值定位

一、进行理想信念教育是全面贯彻落实党的教育方针的需要

（一）开展理想信念教育是学校立德树人的履职之"本"

党的十八大以来，以习近平同志为核心的党中央，要求全面贯彻党的教育方针，坚持教育为社会主义现代化建设服务、为人民服务，把立德树人作为教育的根本任务，培养德智体美劳全面发展的社会主义建设者和接班人。一是强调要引导学生扣好人生的第一粒扣子。2014年5月4日，习近平总书记在北京大学考察时指出："青年的价值取向决定了未来整个社会的价值取向，而青年又处在价值观形成和确立的时期，抓好这一时期的价值观养成十分重要。这就像穿衣服扣扣子一样，如果第一粒扣子扣错了，剩余的扣子都会扣错。人生的扣子从一开始就要扣好。"[①] 二是强调加强社会主义核心价值观教育。让社会主义核心价值观在少年儿童中培育

[①] 习近平在北京大学考察时强调：青年要自觉践行社会主义核心价值观 与祖国和人民同行努力创造精彩人生［N］. 人民日报，2014-05-05.

起来,家庭、学校、少先队组织和全社会都有责任。学校要根据少年儿童特点和成长规律,循循善诱,春风化雨,努力做到每一堂课不仅传播知识,而且传授美德,每一次活动不仅健康身心,而且陶冶性情。三是强调理想信念教育。习近平总书记指出:"要从小学习立志。志向是人生的航标。一个人要做出一番成就,就要有自己的志向。一个人可以有很多志向,但人生最重要的志向应该同祖国和人民联系在一起,这是人们树立各种具体志向的底盘,也是人生的脊梁。"[1]

(二)开展理想信念教育是学生核心素养的落地之"魂"

落实立德树人的根本任务,对中学生的理想信念教育提出了至高的要求。理想信念教育既是中学生道德教育的重要内容,又是中学生素质教育的关键要素。一个人确立了理想,人生就有了目标。有了理想,就有了动力;有了理想,就奔涌出力量;有了理想,就会形成正确的世界观、人生观、价值观。中学生发展核心素养的三个方面,无论是文化基础、社会发展还是自主参与,都渗透着对理想信念的追求。理想信念对学生情感、态度、价值观等多方面的潜移默化的影响,是每一名学生获得成功生活、适应个人终身发展和社会发展的迫切需求,也是每一名学生成长为全面发展的完整的人的必备素养。

习近平总书记在庆祝中国共产党成立100周年大会上指出:"一百年来,在中国共产党的旗帜下,一代代中国青年把青春奋斗融入党和人民事业,成为实现中华民族伟大复兴的先锋力量。"[2] 青年理想信念的正确与否事关国运兴衰、民族危亡。只有中国的青年一代长期拥有正确而崇高的

---

[1] 习近平寄语全国各族少年儿童:美好的生活属于你们 美丽的中国梦属于你们 [N]. 人民日报, 2015 - 06 - 02.
[2] 习近平. 在庆祝中国共产党成立100周年大会上的讲话 [N]. 人民日报, 2021 - 07 - 02 (2).

理想、坚定而执着的信仰，才能为国家的前途、民族的未来和青年的成长成才提供无坚不摧的智力支撑、精神养料和动力源泉。在新时代的背景下，面对社会主要矛盾的变化这一时代课题，必须强化中国青年的理想信念教育，补全青年群体的精神之"钙"，使他们"强筋壮骨"，让生活在新时代的中国青年真正成为国家建设的主体力量，同国家、社会、人民一起为民族复兴而赓续奋斗。

立德树人是教育的根本任务，如何坚定理想信念是教育面临的重大课题。理想信念教育只有建立在科学理性的认识基础之上，才能稳定持久。这就要求我们切实做好习近平新时代中国特色社会主义思想理论进教材、进课堂、进学生头脑工作，在多元多样多变中立主导，在交流交融交锋中谋共识，让中学生坚定中国特色社会主义道路自信、理论自信、制度自信、文化自信，自觉做社会主义核心价值观的培育者、践行者、弘扬者，夯实为实现中华民族伟大复兴的中国梦而奋斗的思想政治素质的基石。

二、进行理想信念教育是当代中学生健康成长的需要

理想信念是人生道路的指明灯。无论前方的道路有多漫长、艰苦、曲折，只要有坚定的理想信念引航，就能把握正确的方向，乘风破浪，创造人生的辉煌。"功崇惟志，业广惟勤。"中学生正处在世界观、人生观、价值观形成和确立的关键时期，中学时代是一个人成长、成人、成才的关键起点。对中学生而言，在纷繁复杂的选择中，在光怪陆离的诱惑前，系好理想信念这枚"人生的扣子"，擦亮"勤学、修德、明辨、笃实"的精神底色，是成就人生价值的关键一环。

（一）中学生在确立理想信念过程中面临的问题

进入新时代，面对经济、政治、文化、社会等领域出现的新情况、新变化、新问题，中学生在确立理想信念过程中会面临诸多问题，比如对马克思主义、对共产主义远大理想、对中国特色社会主义共同理想认识不深,理解不透,理想信念不够坚定;在大是大非问题上政治定力不足,政治辨别力不强;受拜金主义、享乐主义、个人主义思想影响,安于现状、缺乏进取意识;等等。为了避免产生这类问题,我们必须对中学生加强理想信念教育。

理想信念只有建立在人类全部实践基础上,建立在科学的世界观和方法论基础上,才能坚定持久。党的二十大报告提出,中国特色社会主义是实现中华民族伟大复兴的必由之路。中国特色社会主义道路来之不易,我们必须倍加珍惜、始终坚持。我们要坚持对马克思主义的坚定信仰、对中国特色社会主义的坚定信念,坚定道路自信、理论自信、制度自信、文化自信,要警惕以下问题。

一是政治冷漠症。虽然我国经济社会发展速度较快,整体社会状况稳定,可是受市场经济条件下个体逐利的取向,还有社会上一些不良思潮、思想的影响,很容易让人觉得谈理想信念要么是没必要,要么是唱高调、假崇高。

二是政治上的模糊认识。如对西方多党制、三权分立制度和所谓的自由、民主、人权等价值观念盲目崇拜。对于资本主义世界发生的金融危机、债务危机、经济危机、政治危机,没有看透本质,把原因仅仅归结为金融监管不力、正常的经济周期规律;对于西方国家和敌对势力对我们的分化、西化的图谋和伎俩,对于意识形态领域斗争的严峻性和现实性,缺乏深刻认识;对于苏联解体、东欧剧变等政治事件缺乏全面深刻理解;对于 20 世纪末以来发生在苏联以及中东、中亚、北非等国家和地区的"颜色革命"等,不了解其深刻背景,不清楚事件本质;等等。

这些问题对于青少年政治态度、政治观点以及理想信念的影响是现实的,不可忽视的。挑战与机遇相伴而生,实践提出的问题可以启发我们深入思考。弄清这些重大问题的过程,就是引导中学生树立理想信念、坚定理想信念的过程。

将理想信念比作精神之"钙",看似是文学意义上的加工和比喻,其实具有很深刻的学理意义。理想信念是一个人的精神支柱,一旦缺少理想信念,他的人生就会失去希望和方向。理想信念的作用有两个:一是提供动力,二是提供支撑。它对社会和个人都非常重要,所以要加强对中学生的理想信念教育,提高他们的思想政治素质、增强他们的社会责任感,为他们的终身发展奠定基础。

(二) 扣好理想信念的"第一粒扣子"

青少年学生群体的理想信念、价值观念、精神风貌和综合素质反映着一个民族的整体力量。可以说,是否在青少年学生心中埋下理想信念的"种子"以及能否浇灌这粒"种子",关乎青少年能否健康茁壮地成长,关乎国家战略目标的实现是否后继有人,关乎中国梦是否有优秀的践行者,关乎中国特色社会主义事业是否有合格的建设者和接班人。

同时,中学阶段是人生的关键时期,一个人在青少年时期确立的理想信念对其精神世界的养成、人生事业的抉择、自我价值的实现都起着指引和激励作用,影响其一生的健康发展。例如老一辈无产阶级革命家,在人生的青年时期甚至少年时期就确立了马克思主义和共产主义理想信念,并且将其作为自己终生奋斗的信条。他们为了中华民族的崛起、中国人民的解放进行了艰苦卓绝的斗争,进行了几十年的浴血奋战,甚至"抛头颅、洒热血",不惜牺牲年轻的生命。在实现中华民族伟大复兴的重要节点,在建设社会主义现代化国家新征程的开启时期,必须加强对青少年学生的理想信念教育,引导学生在一生的黄金时段就树立崇高理想信念,坚定正确远大信仰。

理想信念教育关乎培养什么人、怎样培养人、为谁培养人这一教育工作的根本性问题。放眼世界,每个国家都是按照自己的政治要求来培养人。社会主义建设者和接班人,定语只能是"社会主义"。在2018年全国教育大会上,习近平总书记以"六个下功夫"凝练概括出社会主义建设者和接班人应具备的基本素质和精神状态,把"在坚定理想信念上下功夫"摆在首要位置。这意味着,我们教育培养的人,必须是拥护中国共产党领导和我国社会主义制度、立志为中国特色社会主义奋斗终身的有用人才,必须是树立共产主义远大理想和中国特色社会主义共同理想的有志之才。

小麦灌浆期,阳光跟不上,就会耽误一季庄稼的收成。理想信念是个体奋斗的动力和方向,对中学生而言,恰如阳光之于小麦,绝不是可有可无的,更不能随意裁量。中学生的知识体系搭建尚未完成,价值观塑造尚未成形,若是第一粒扣子扣错了,剩余的扣子都会扣错。能不能正确处理个人奋斗和国家需要的关系,能不能正确认识中国大势和世界潮流,无不关乎理想信念这一"总开关"。正所谓,浇花浇根,育人育心。推进教育现代化不能忘记初心,建设教育强国不能脱离立德铸魂,办好人民满意的教育,也需要塑造有理想、敢担当、能吃苦、肯奋斗的时代新人。

理想信念是一个民族精气神之"钙",理想信念的传承总是被寄予强烈期望。需要看到的是,现在的中学生长期生活在和平环境之下,没有体验过民族生死存亡的苦难,没有经历过血与火的考验,少了艰难困苦的奋斗,人生阅历相对有限。如果不对其加以正确引导和长期教育,中学生就难以树立正确的理想信念,甚至可能走偏。从"分数满当当、脑袋空荡荡"之类的信仰空虚,到"'90后'遭遇'中年危机'"之类的精神早衰,再到"长着中国脸,不是中国心,没有中国情,缺少中国味"之类的"基因蜕变",虽然只是少数现象,但理想信念弱化、软化的问题值得重视。

理想信念并不空虚缥缈,擦亮眼睛,点燃奋斗的火炬,关键要善于从国家历史、现实成就、国际比较中汲取真理和道义的力量。读一读中国近代史、中国革命史，就能从历史逻辑中发现中国共产党和社会主义中国源自"历史的选择、人民的选择"；看一看过去40多年各地翻天覆地的变化，就能从现实逻辑中把脉中国梦的大势所趋、人民对美好生活的热切所期；对比观察"中国之治"和"西方之乱"，就能从国际视野中汲取更多众志成城、矢志复兴的力量……把握历史之脉，顺应时代之潮，响应梦想之唤，理想信念教育才能入脑入心、滋心润魂，真正激荡起塑造挺拔灵魂的伟力。

作为未来实现中华民族伟大复兴中国梦的主力军，青年一代在理想信念教育中厚植道路自信、理论自信、制度自信、文化自信，立志肩负起民族复兴的时代重任，我们这个民族就有了永不枯竭的奋斗意志，就能形成昂扬向上的精神风貌。

中学时代是一个人成长发展的重要时期，在这个时期如果能接受良好的教育，对于世界观、人生观、价值观的形成和完善都相当重要。在正确思想的指引下，青少年能够判断善恶对错、是非曲直，所以，教育者应督促他们努力学习文化知识，积极参加社会实践锻炼。反之，一个人如果没有及时地接受良好的教育，没有坚定的理想信念，那么就容易受到不良诱惑的侵蚀，甚至产生危害社会的不良思想。中学生在形形色色的生活环境中成长，要及时地受到正确引导，将理想信念深植心中，不为不良诱惑所动。

理想指引人生方向，信念决定事业成败。新时代青少年学生有了坚定的理想信念，才能扬起生命的风帆；只有牢固树立坚定的理想信念，才能开辟和探索自己的人生新航程，才能够更好地成长成人成才。

苏格拉底曾说："世界上最快乐的事，莫过于为理想而奋斗。"因此，如果说社会是大海，人生是小舟，那么理想信念就是引航的灯塔和推进的风帆。

崇高的理想信念能够引导中学生做什么人。人的理想信念，反映的是对社会和人自身发展的期望。因此，有什么样的理想信念，就意味着以什么样的期望和方式去改造自然社会、塑造和成就自身。"做什么人"是中学生在学习生活中会时时面对的首要人生课题，只有树立起高尚的理想信念，才能够很好地回答这一首要人生课题。

崇高的理想信念能够指引中学生走什么路。中学时期，学生普遍面临一系列人生课题，如人生目标的确立、生活态度的形成、知识才能的丰富、发展方向的设定，以及如何择友、如何面对挫折、如何克服困难，等等。这些问题的解决，都需要一个总的原则和目标，这就需要确立科学、崇高的理想信念。只有这样，才能使将来的人生道路越走越宽广。

崇高的理想信念能够指引中学生为什么学。对中学生而言，为什么学的问题，是与走什么路、做什么人的问题紧密联系在一起的。学生只有树立崇高的理想信念，才能明确学习的目的和意义，激发起为国家富强、民族复兴和自身成才而发奋学习的强烈责任感和使命感，努力掌握报效祖国、服务人民的本领。把今天的学习进步同祖国明天的繁荣昌盛紧紧联系在一起，使理想信念之花结出丰硕的成长成人成才之果。

总之，理想信念是激励人们迎接挑战、克服困难的精神支柱和强大力量，一个人理想信念越坚定，克服困难的勇气和意志就越坚定。新时代中学生所处的时代和所承担的任务与以往不同了，但同样会遇到各种各样的困难和挫折，同样需要坚定理想信念，培养克服困难和应对挑战的坚强意志。

一个人能走多远，不要问他的双脚，而要问他的志向。无数的历史事实证明，一个没有信仰的人，就像茫茫大海上失去航标的一叶扁舟，随时都有触礁沉船的危险。一个人的理想越远大，对历史使命认识越深刻，社会责任感也就越强烈，也就越能集中自己的力量和智慧为实现目标而奋斗。古往今来，凡有作为者，无不具有崇高的理想、坚定的信念。

三、进行理想信念教育是实现中华民族伟大复兴中国梦的需要

习近平总书记指出："青年一代有理想、有担当，国家就有前途，民族就有希望，实现我们的发展目标就有源源不断的强大力量。"① 新时代中学生是我国社会主义建设事业的接班人，切实加强理想信念教育，引导他们坚定理想信念，树立正确的世界观、人生观、价值观，对于推进中国特色社会主义事业、全面建设社会主义现代化国家、实现中华民族伟大复兴的中国梦有着十分重要的意义。

青年一代的理想是否正确、是否坚定、是否持久都关系着国家的兴旺繁荣，关系着民族的生死存亡，关系着人民的幸福。青年们有理想、有信仰，国家的现代化建设才会凝聚起坚不可摧的精神力量，中华民族的复兴前途才会拥有不竭动力。为什么过去那个一贫如洗、千疮百孔的中国在经历一次次失败之后，能一次次奋起反抗，创造一个个不可战胜的"中国奇迹"呢？根本原因正是一代代中国有志青年在强大理想信念的坚强指引下，不懈地团结奋斗。理想信念是我们不断战胜困难，从胜利走向胜利的强大精神支柱。没有理想信念，我们就会迷失前进方向，就会失去奋斗动力。

当前中国已经成为世界第二大经济体，全面建成小康社会的目标已经实现；中国特色社会主义法律体系初步形成，社会生活更加和谐；文化和生态文明建设日益深入人心。今天中国各方面辉煌成就的取得，离不开中国青年们在正确理想信念指引下的顽强拼搏。未来中国繁荣兴盛新局面的开拓也必将是新时代中国青年们接续奋斗的"杰作"。党的二十大报告明确了全面建成社会主义现代化强国的战略安排，为新时代新征程的中国青

---

① 习近平. 在同各界优秀青年代表座谈时的讲话［N］. 人民日报，2013-05-05（2）.

年确立了团结奋进的方向指南和目标要求。青年群体在全面建设社会主义现代化国家的伟大征程中被寄予了厚望。可以说，当代中国青年是新时代全面建设社会主义现代化强国的主要参与者、见证者和贡献者。基于此，新时代中学生要按照全面建设社会主义现代化国家的奋斗目标来规划自己的人生航向，明确目前我国的基本国情和国际地位，把握时代内涵、领悟时代主题，树立正确而崇高的理想信念，保持昂扬向上的精神面貌。新时代中学生只有在坚定理想信念的前提下，努力成长为社会主义事业的开拓者、奋斗者、奉献者，才能为实现全面建成社会主义现代化国家的奋斗目标而接续奋斗。

回望中国百年来风雷激荡的历史画卷，在崇高理想和坚定信念的激励下，一代又一代青年勇立潮头、担当有为，成为推动党和人民事业前进的蓬勃力量，奏响了时代的强音。斗转星移，中国号巨轮正开足马力驶向复兴。放眼中国梦，民族复兴的重担需要当代青年接力扛起，特别是作为未来社会发展中坚力量的中学生，更是义不容辞、责无旁贷。当下，世界形势风云变幻，思想文化激荡碰撞，社会思潮跌宕起伏，坚定中学生理想信念更显重要。他们树立怎样的志向，怎样坚定理想信念，关乎国家和民族的未来发展。

伟大的民族，必胸怀宏远的梦想。习近平总书记高瞻远瞩提出了令无数中华儿女心潮澎湃的中国梦，带领全体人民踏上了圆梦的征途。百年梦想，既是全体中华儿女的共同追求，更是青年一代不可推卸的历史重任，需要每一位青年勇于担当、全力以赴。

(一) 中国梦是中华民族的百年梦想和全民伟业

实现中华民族伟大复兴，一直是鼓舞人心的时代主题，也是无数仁人志士不懈奋斗的方向，中国的各项事业、各种努力都是为了实现这一美好追求。勇往直前的中华民族是一个充满生机活力的梦想加工厂，驱除鞑虏梦、民族独立梦、两弹一星梦、加入世贸梦、奥运世博梦、探索太空梦……都由期盼已久的遐想变成了令人惊叹的事实。欣欣向荣的新时代，民族复兴的美梦一直在传承和继续，住有所居梦、生态文明梦、矢志创业梦、建成小康梦……都代表着人们执着的追求和前进的方向。中国梦，是一个国家的前景所在，是一个民族的希望所在，是全体中华儿女的夙愿所在，也是我们实现人生价值所在。实现中华民族伟大复兴已经激起了亿万民众的共鸣，它是全民伟业，与全体中华儿女的前途命运息息相关，离不开世世代代中华儿女的共同努力。人民群众具有丰富的想象力和创造力，在他们之中蕴藏着成千上万的"诸葛亮"，必须要凝聚全民族的伟力，汇集14亿多民众的智慧，倾举国之力，筑伟大梦想。只有全国人民为同一梦想全力以赴、不惧风雨，才能激荡出战无不胜、无坚不摧的如虹气势，才能开辟出无愧时代的新篇章。

（二）新时代中学生是实现中国梦的主体

中国的未来属于青年，中华民族的未来也属于青年。当今中国最鲜明的时代主题，就是全面建成社会主义现代化强国、实现第二个百年奋斗目标，以中国式现代化推进中华民族伟大复兴。而综观当下，我国比历史上任何时期都更接近实现中华民族伟大复兴的目标，比历史上任何时期都更有信心、更有能力实现这个目标。距离实现中华民族伟大复兴的目标越近，我们越不能懈怠、越要加倍努力，越要动员广大青年持续为之奋斗。毋庸置疑，时代的责任赋予青年，时代的光荣属于青年。当代中国青年应当树立与这个时代主题同心同向的理想信念，勇于担当时代赋予的历史责任，志存高远，脚踏实地，努力在实现中华民族伟大复兴的中国梦的生动实践中放飞青春梦想，励志勤学、刻苦磨炼，努力在激情奋斗中绽放青春光芒。

每一代人都肩负着不同的时代责任，都有自己要走的长征路。新时代中学生正处于实现中国梦这一伟大征程，中国梦明确了新时代新征程中学生报效国家的责任使命，承载了正确引领广大青年人生追求的光明憧憬。梦想的实现需要打好团结牌，凝聚中国力量，而中学生是这股强大力量的生力军，是把不久将来的美景转变为实实在在现实的主体。习近平总书记指出："中国梦是我们的，更是你们青年一代的。中华民族伟大复兴终将在广大青年的接力奋斗中变为现实。"[1] 我们要把实现个人梦、家庭梦融入国家梦、民族梦之中，让每个人的梦想，汇聚成大的中国梦。新时代中学生是实现中国梦的中坚力量，他们的青春梦只有与中国梦紧密融合，才能创造出无悔的青春；他们的个人理想只有与社会理想有机结合，才能彰显出持久的生命力；他们的人生追求只有符合国家利益和人民意愿，才能成就一番伟业。

青年是人生之春，是生命之晨，是祖国的未来和民族的希望。人的一生只能拥有一次青春，当一个人在年轻时就把自己的人生与党和人民的事业、与自己的岗位职责紧密相连，他所创造的就是永恒的青春。作为中国特色社会主义伟大事业的接班人，当代中国青年要坚持用习近平新时代中国特色社会主义思想武装头脑，坚定"四个自信"，把个人奋斗同人民为实现中国特色社会主义共同理想的奋斗紧密结合起来，不为任何风险所惧、不为任何干扰所惑，矢志不渝朝着崇高理想奋进，在为党和人民事业的奋斗中创造人生辉煌。

只有补足精神之"钙"，才能筑牢信仰之基、铸造立身之本。只有坚定理想信念、锤炼意志品质，才能把激昂的青春梦融入伟大的中国梦。当代中国青年要大力传承"红色基因"，在心中埋下一颗"红色种子"，系好人生的第一粒"红色扣子"，牢固树立共产主义理想，坚定永远跟党走的决心，任何时候都要将自身命运与国家民族的命运紧紧联系在一起。广

---

[1] 习近平. 在同各界优秀青年代表座谈时的讲话 [N]. 人民日报，2013-05-05 (2).

大青年要牢固树立正确的世界观、人生观和价值观,自觉抵制拜金主义、享乐主义和个人主义思想侵蚀,自觉地把个人的理想融入全社会的共同理想中,把个人的抱负融入实现中华民族伟大复兴的事业中,在火热的社会实践中创造出无悔的青春、实现人生的价值。

(三)只有坚定筑梦,才能担当时代使命

伟大的梦想召唤有追求、有担当的青年,而指引广大青年正确前行的精神动力就是坚定的理想信念。理想支撑圆梦征程,信念开辟光明未来。习近平总书记在讲话中多次强调理想信念的重要性,勉励新时代中国青年要树立起对马克思主义的信仰、对中国特色社会主义的信念、对中华民族伟大复兴中国梦的信心,到人民群众中去,到新时代新天地中去,让理想信念在创业奋斗中升华,让青春在创新创造中闪光。① 中国梦,是新时代的最强音,是广大青年不可推卸的宏伟重任。无数先辈们可歌可泣的英勇事迹证明,理想信念坚定、牢记责任使命的人生才最有价值。漫漫逐梦路,是一个道阻且长的过程,中国梦为新时代青年成长成才提供了精神支撑,新时代青年只有坚定理想信念,矢志拼搏奋斗,努力提高自身本领,加强道德修养,把"中国梦"自觉转化为"我的梦",才能担负起时代的重任,接力实现万众期待的百年梦想。

习近平总书记指出:"心有所信,方能行远。面向未来,走好新时代的长征路,我们更需要坚定理想信念、矢志拼搏奋斗。"② 习近平总书记的重要论述,指明了坚定理想信念对于我们走好新时代长征路的重要意义。加强中学生理想信念教育,就要引导广大中学生用初心砥砺信仰、用理论坚定信念、用实践增强信心,努力成为担当民族复兴大任的时代

---

① 习近平.在纪念五四运动100周年大会上的讲话[N].人民日报,2019-05-01(2).
② 习近平给复旦大学青年师生党员回信勉励广大党员 在学思践悟中坚定理想信念在奋发有为中践行初心使命[N].人民日报,2020-07-01(1).

新人。

用初心砥砺信仰。习近平总书记强调："党的初心和使命是党的性质宗旨、理想信念、奋斗目标的集中体现，激励着我们党永远坚守，砥砺着我们党坚毅前行。"① 中国共产党是用马克思主义武装起来的政党，一经成立就肩负起为中国人民谋幸福、为中华民族谋复兴的初心和使命。长期以来，我们党始终坚定马克思主义信仰，取得革命、建设和改革伟大胜利，带领中华民族从站起来、富起来走向强起来。习近平总书记说："一切向前走，都不能忘记走过的路；走得再远、走到再光辉的未来，也不能忘记走过的过去，不能忘记为什么出发。"② 开展好新时代理想信念教育，需要把"回望过去"和"展望未来"结合起来，把用初心砥砺信仰与用信仰守护初心结合起来，不断从党史、新中国史、改革开放史、社会主义发展史中汲取思想之光、精神之钙、力量之源，教育引导广大中学生坚持共产主义远大理想和中国特色社会主义共同理想。

用理论坚定信念。坚定的理想信念源于对科学理论的笃信笃行。习近平新时代中国特色社会主义思想，是引领中国、影响世界的当代中国马克思主义、21世纪马克思主义。这一重要思想紧紧围绕实现中华民族伟大复兴中国梦的宏伟目标，把人民福祉、党的使命和国家前途贯通起来，为人民谋幸福、为民族谋复兴、为世界谋大同，成为指引当代中国一切发展进步的强大思想武器。强化新时代理想信念教育，必须坚持用习近平新时代中国特色社会主义思想武装头脑、指导实践、推动工作，教育引导中学生增强"四个意识"、坚定"四个自信"、做到"两个维护"，自觉在思想上政治上行动上同以习近平同志为核心的党中央保持高度一致，为乘势

---

① 习近平. 在"不忘初心、牢记使命"主题教育总结大会上的讲话 [N]. 人民日报, 2020-01-09 (2).
② 习近平. 在庆祝中国共产党成立95周年大会上的讲话 [J]. 求是, 2021 (8).

而上开启全面建设社会主义现代化国家新征程、向第二个百年奋斗目标进军汇聚强大青春力量。

用实践增强信心。社会主义是干出来的，幸福是奋斗出来的。实践性是马克思主义区别于其他理论的显著特征，也是习近平新时代中国特色社会主义思想的鲜明品格。党的十八大以来，面对错综复杂的国际形势、艰巨繁重的国内改革发展稳定任务，特别是新冠疫情的严重冲击，以习近平同志为核心的党中央统筹推进"五位一体"总体布局、协调推进"四个全面"战略布局，坚定不移贯彻新发展理念，推动高质量发展，沉着有力应对各种风险挑战，我国经济社会发展取得重大成就。加强新时代中学生理想信念教育，重在用事实说明问题，用实践证明真理。一方面，向中学生全景展示、立体呈现改革开放以来我国经济社会发展取得的巨大成就，增强新时代中学生的自信心和自豪感；另一方面，引导中学生积极投身新时代中国特色社会主义伟大实践，让他们加强思想淬炼、政治历练、实践锻炼，为实现中华民族伟大复兴中国梦贡献聪明才智。

一个时代有一个时代的主题，一代人有一代人的使命。全面建设社会主义现代化强国、实现中华民族伟大复兴，是一项艰巨漫长的事业，离不开当代中国青年的矢志奋斗。站在新的历史方位，推进新时代中国特色社会主义，让党的事业薪火相传、后继有人，需要培育一代又一代青年，以坚定的信念、宽广的胸怀、创造的激情、务实的态度，踊跃投身中国特色社会主义伟大事业。广大中学生要听从党的召唤，树立远大的理想和坚定的信念，勇敢地肩负起历史使命，做到与时代同步伐、与祖国共命运、与人民齐奋斗、与事业同发展，牢记使命、勇担重任、无私奉献、奋发有为，用自己的实际行动为这伟大盛世增光添彩，为全面建设社会主义现代化国家、全面推进中华民族伟大复兴谱写壮丽的青春之歌。

第二章　新时代中学生理想信念教育内容架构

第一节　马列主义和马克思主义中国化时代化成果的学习教育

一、马列主义的学习教育

马列主义是工人阶级及其政党的科学世界观和行动指南。从狭义上来说，马克思主义是马克思恩格斯的基本观点和学说的体系。从广义上说，作为中国共产党指导思想的马克思主义，指的是由马克思恩格斯所创立、由列宁推进到新阶段，并由以毛泽东、邓小平、江泽民、胡锦涛、习近平等为代表的中国共产党人进一步加以中国化时代化发展了的观点和学说体系。马克思主义的内涵是关于自然、社会和思维发展普遍规律的科学，是工人阶级和劳动人民革命和解放、建设社会主义和向共产主义远大目标前进的科学理论，它是一个完备并不断发展的理论体系，为工人阶级和劳动人民认识世界和改造世界提供了强大的思想武器。

二、马克思主义中国化时代化成果的学习教育

(一) 马克思主义中国化时代化的三次伟大飞跃

马克思主义中国化时代化是一项任重而道远的伟大事业。早在马克思主义传入中国之初,社会各阶层就围绕着救国救民之道、中国社会向何处去等一系列重大问题展开争议和论战。在中国共产党成立早期,党内也围绕着中国革命道路和马克思主义的实质进行过激烈争论。以上内容,都说明了马克思主义思想为中国革命道路带来了新可能和新希望,但是想要解决中国革命面临的所有问题,特别是夺取中国革命胜利的道路问题,不能简单地依靠马克思、恩格斯、列宁或其他国外的任何一个马克思主义者,而是要依靠中国马克思主义者对马克思主义的正确理解和运用。马克思主义中国化时代化的伟大事业就是这样被提出来的,它的重要性和艰巨性也正体现在这里。

新民主主义革命时期,以毛泽东同志为主要代表的中国共产党人,把马列主义基本原理同中国具体实际相结合,对经过艰苦探索、付出巨大牺牲积累的一系列独创性经验作了理论概括,开辟了农村包围城市、武装夺取政权的正确革命道路,创立了毛泽东思想。社会主义革命和建设时期,毛泽东同志提出把马列主义基本原理同中国具体实际进行"第二次结合",提出关于社会主义建设的一系列重要思想,进一步丰富和发展了毛泽东思想。毛泽东思想是马列主义在中国的创造性运用和发展,是被实践证明了的关于中国革命和建设的正确理论原则和经验总结,是马克思主义中国化时代化的第一次历史性飞跃。

改革开放和社会主义现代化建设新时期,党深刻认识到,开创改革开放和社会主义现代化建设新局面,必须以理论创新引领事业发展。以邓小平同志、江泽民同志、胡锦涛同志为主要代表的中国共产党人,团结带领全党全国各族人民,从新的实践和时代特征出发坚持和发展马克思主义,

对什么是社会主义、怎样建设社会主义，建设什么样的党、怎样建设党，实现什么样的发展、怎样发展等建设中国特色社会主义的一系列基本问题作出科学回答，形成中国特色社会主义理论体系，实现了马克思主义中国化时代化新的飞跃。

党的十八大以来，以习近平同志为主要代表的中国共产党人，坚持把马克思主义基本原理同中国具体实际相结合、同中华优秀传统文化相结合，坚持毛泽东思想、邓小平理论、"三个代表"重要思想、科学发展观，深刻总结并充分运用党成立以来的历史经验，从新的实际出发，创立了习近平新时代中国特色社会主义思想。习近平总书记对关系新时代党和国家事业发展的一系列重大理论和实践问题进行了深邃思考和科学判断，就新时代坚持和发展什么样的中国特色社会主义、怎样坚持和发展中国特色社会主义，建设什么样的社会主义现代化强国、怎样建设社会主义现代化强国，建设什么样的长期执政的马克思主义政党、怎样建设长期执政的马克思主义政党等重大时代课题，提出一系列原创性的治国理政新理念新思想新战略，是习近平新时代中国特色社会主义思想的主要创立者。习近平新时代中国特色社会主义思想是当代中国马克思主义、21世纪马克思主义，是中华文化和中国精神的时代精华，实现了马克思主义中国化时代化新的飞跃。

(二) 马克思主义中国化时代化的主要内涵

早在1938年，毛泽东同志就提出马克思主义中国化命题。马克思主义中国化，就是要把马克思主义同中国的具体实际、民族特点有机结合起来，运用马克思主义理论指导中国具体实践，回答和解决实践中的具体问题，并在这种运用中加以发展创新，形成新鲜活泼的、为中国老百姓所喜闻乐见的具有中国作风与中国气派的马克思主义。

学术界多数学者认为马克思主义中国化包括两层内涵，即强调把中国实际和中国文化与马克思主义相结合。清华大学马克思主义学院教授郭建宁认为，马克思主义中国化包括两个方面：一是和中国实践相结合，二是和中国文化相结合。也就是说，马克思主义中国化包括实践阐释和文化解读。① 此外，还有其他学者持不同观点，如三层次说、四层次说、五层次说等。综合文献观点，本研究认为，马克思主义中国化主要内涵如下：

第一，马克思主义中国化就是运用马克思主义解决中国革命、建设和改革的实际问题。

第二，马克思主义中国化就是把中国革命、建设和改革的实践经验和历史经验提升为理论。

第三，马克思主义中国化是把马克思主义根植于中华优秀传统文化之中，发展和创新马克思主义。

马克思主义时代化，就是在坚持马克思主义基本原理的同时，把马克思主义的创新同时代的进步和特征结合起来，不断开拓马克思主义理论发展的新境界。在纪念马克思诞辰200周年大会上，习近平总书记指出："马克思主义能够永葆其美妙之青春，不断探索时代发展提出的新课题、回应人类社会面临的新挑战"，"要坚持用马克思主义观察时代、解读时代、引领时代，用鲜活丰富的当代中国实践来推动马克思主义发展，用宽广视野吸收人类创造的一切优秀文明成果"。新中国成立以来，特别是改革开放40多年来，我们党在大力推进马克思主义中国化的同时也在不断推动马克思主义的时代化，为引领中国特色社会主义实践提供了强有力的理论指导。

马克思主义始终站在时代前沿，具有与时俱进的理论品质。习近平总书记在致中国共产党与世界马克思主义政党论坛的贺信中指出："马克思主义是不断发展的开放的理论，本土化才能落地生根，时代化才能充满生

---

① 郭建宁. 马克思主义中国化的文化解读 [J]. 北京行政学院学报，2007（1）：35—38.

机。"这一重要论述，科学揭示了马克思主义创新发展的空间维度和时间维度。马克思主义本土化和时代化，具体到中国实际来说，就是马克思主义中国化时代化，这是马克思主义创新发展的一般规律在中国共产党人奋斗实践中的生动体现。马克思主义在中国的广泛传播催生了中国共产党。正是因为找到了马克思主义，我们党才拥有了科学的世界观和方法论，拥有了指导中国革命、建设、改革的强大思想武器，使中国这个古老东方大国创造了人类历史上前所未有的发展奇迹。马克思主义深刻改变了中国，中国共产党的理论创新和具体实践也极大丰富了马克思主义。

中国共产党的奋斗史，就是一部不断推进马克思主义中国化时代化的历史，一部不断推进理论创新、进行理论创造的历史。百余年来，我们党创立了毛泽东思想，为夺取新民主主义革命胜利指明了正确方向；我们党创立了邓小平理论，形成了"三个代表"重要思想、科学发展观，科学回答了建设中国特色社会主义的一系列基本问题，形成中国特色社会主义理论体系，指引中国大踏步赶上时代；创立了习近平新时代中国特色社会主义思想，回答了新时代坚持和发展什么样的中国特色社会主义、怎样坚持和发展中国特色社会主义，建设什么样的社会主义现代化强国、怎样建设社会主义现代化强国，建设什么样的长期执政的马克思主义政党、怎样建设长期执政的马克思主义政党等重大时代课题，是当代中国马克思主义、21世纪马克思主义。

三、对中学生进行马列主义和马克思主义中国化时代化成果教育的必要性

马列主义与马克思主义中国化时代化成果是紧密联系在一起的，都是我们党和国家的指导思想。中学生学习马列主义和马克思主义中国化时代化成果，具有必要性。

第一，学习马列主义和马克思主义中国化时代化成果是个体政治社会

化的重要路径。政治社会化是个体学习政治知识和政治技能、养成政治态度、形成政治价值观的过程。就目前而言,我国公民政治社会化的实现依然离不开马克思主义意识形态教育,即思想政治教育。

第二,学习马列主义和马克思主义中国化时代化成果有利于学生培养国家认同品质。国家认同是每位社会公民应该具备的品质,个人利益应该与国家认同紧密结合在一起,我们要在国家认同的基础上积极投身国家发展、社会建设等。

中学生学习马列主义和马克思主义中国化时代化成果,主要是学习和掌握其科学的立场、观点和方法,以此去观察问题、分析问题、解决问题;帮助自己以更加科学、理性的眼光去看待社会、人生中的各种问题;帮助自己正确认识人类社会发展规律和个人全面发展规律,更加自觉地将自身的理想与国家、民族的命运紧密地联系在一起,在实现社会价值的过程中实现自身的价值。

第二节 中国近现代史教育

中国是世界上少有的历史文化从未间断、一直延续至今的国家之一。中华文明尽管也历经沧桑,却始终绵延发展、传承不绝,表现出顽强的生命力,这体现了中华民族的凝聚力和自强不息的民族精神。但是,自1840年鸦片战争以来,中国由封建社会变为半殖民地半封建社会,从此之后便进入了中国近代史。

中国近现代史,就其主流和本质来说,是中国一代又一代的人民群众和仁人志士为救亡图存而英勇奋斗、艰苦探索的历史;是中国各族人民在中国共产党的领导下,进行伟大的艰苦斗争,经过新民主主义革命,赢得民族独立和人民解放的历史;是中国各族人民在中国共产党的领导下,经过社会主义革命、建设和改革，把一个极度贫弱的旧中国逐步变成一个初步繁荣昌盛、充满生机和活力的社会主义新中国的历史。

一、历史沿革

中国近现代史大致可以分为以下三个历史阶段：第一阶段，从鸦片战争到五四运动前夜（1840—1919年）；第二阶段，从五四运动到中华人民共和国成立（1919—1949年）；第三阶段，从中华人民共和国成立到社会主义建设新时期（1949年至今）。了解这三个历史阶段的划分，对于理解中国近现代史发展非常有必要。

（一）鸦片战争：中国近代史的起点

1840年，英国发动了侵略中国的鸦片战争，伴随着鸦片战争、八国联军侵华战争，中国逐渐沦为半殖民地半封建社会。这是近代以来中国在外国资本主义势力的入侵及其与中国封建主义势力相结合的条件下，逐步形成的一种从属于资本主义世界体系的畸形的社会形态。鸦片战争前的中国社会是封建社会，中国封建社会内的商品经济的发展，已经孕育着资本主义的萌芽。鸦片战争以后，随着外国资本主义的入侵，中国社会发生了两个根本性的变化：其一，独立的中国逐步变成了半殖民地的中国；其二，封建的中国逐步变成了半封建的中国。

（二）五四运动：反帝反封建的爱国运动

1919年5月爆发的五四运动，是中国近代史上具有重要历史意义的事件。五四运动开始时，勇当运动先锋的是学生群众。后来，运动突破了知识分子的狭小范围，成为由工人阶级、小资产阶级和资产阶级参加的全国范围的革命运动。斗争的主力由学生转向了工人，运动的中心由北京转到了上海。

在五四运动中，工人阶级显示了伟大的力量。工人在斗争中发生决定性的作用这个事实，给予先进的知识分子以真切的教育。上海学生联合会在告同胞书中说:"学生罢课半月,政府不惟不理,且对待日益严厉","工界罢工不及五日,而曹、章、陆去"。正因为如此,"'五四'运动中有一部分学生领袖,就是从这里出发'往民间去',跑到工人中去办工人学校,去办工会"。那些接触了社会主义思潮、初步掌握了马克思主义的知识分子脱下学生装,穿上粗布衣,开始到工人中去开展宣传工作和组织工作。而先进知识分子与工人群众相结合的过程,也就是马克思主义与中国工人运动相结合的过程。因此,五四运动就为1921年中国共产党的成立作了思想上和干部上的准备,成为新民主主义革命阶段的开端。

(三)中华人民共和国成立:中国历史新的篇章

中华人民共和国成立以来的历史,是为实现中华民族伟大复兴而开辟新纪元、走上新道路、进行新探索、开创新局面的历史;是全国各族人民、各民主党派、各人民团体紧密地团结在中国共产党的周围,万众一心,奋发图强,艰苦奋斗,沿着中国特色社会主义道路进行经济建设、政治建设、文化建设、社会建设和生态文明建设并取得辉煌成就的历史。

经过28年浴血奋斗,党领导人民,在与各民主党派和无党派民主人士积极合作下,于1949年10月1日宣告成立中华人民共和国,"实现民族独立、人民解放,彻底结束了旧中国半殖民地半封建社会的历史,彻底结束了极少数剥削者统治广大劳动人民的历史,彻底结束了旧中国一盘散沙的局面,彻底废除了列强强加给中国的不平等条约和帝国主义在中国的一切特权,实现了中国从几千年封建专制政治向人民民主的伟大飞跃,也极大改变了世界政治格局,鼓舞了全世界被压迫民族和被压迫人民争取解放的斗争"[①]。中华人民共和国成立,开启了中国历史新的篇章。

第一,结束了帝国主义列强压迫中国、奴役中国人民的历史,中华民

---

① 中共中央关于党的百年奋斗重大成就和历史经验的决议[M].北京:人民出版社,2021.

族一洗百年来蒙受的屈辱,开始以崭新的姿态自立于世界民族之林,"占人类总数四分之一的中国人从此站立起来了"。

第二,结束了本国封建专制统治的历史,长期以来受尽压迫和欺凌的广大中国人民在政治上翻了身,第一次成为新社会、新国家的主人。一个真正属于人民的共和国建立起来了。

第三,结束了军阀割据、战乱频仍、匪患不断的历史,国家基本统一,民族团结,社会政治局面趋向稳定,各族人民开始过上安居乐业的生活。人民可以集中力量从事经济文化建设的时期到来了。

第四,荡涤了旧社会的污泥浊水,开始树立起健康文明的社会新风尚,人民的精神面貌焕然一新。人民扬眉吐气,对前途充满信心。

第五,中国共产党成为全国范围内的执政党。党可以充分运用国家政权的力量凝聚和调集全国的力量,以造福全国各族人民,造福整个中华民族。这就为巩固民族独立和人民解放的成果,为进行社会主义现代化建设,提供了根本的政治保证。

二、中学生学习中国近现代史的必要性

对于中学生来说,中国近现代史的教育融入思想政治(道德与法治)和历史学科。中学生学习中国近现代史的必要性体现在两方面:

第一,理解历史和人民选择中国共产党的领导、选择走社会主义道路的内在逻辑。学生学习中国近现代历史,可以了解国史、国情,确立并增强对中国共产党、马克思主义、中国特色社会主义的信念。了解近代以来中国各族人民为争取民族独立和人民解放,实现国家繁荣富强和人民共同富裕的奋斗历程;认清中国历史发展的基本规律,懂得中国走上以马克思主义为指导思想、以中国共产党为领导核心的社会主义道路的历史必然性;坚定对马克思主义的信仰,树立共产主义远大理想,坚定中国特色社会主义的道路自信、理论自信、制度自信、文化自信。

第二，增强对社会主义核心价值观的认同。学生通过对丰富多彩的历史事件和人物的评判、分析，树立科学的世界观、人生观和价值观。学生可以通过中国近现代史的学习，获得更多的感性认识，继而能够在教师的引导下，增强理性思考；使社会主义核心价值体系建设的宣传教育更有历史感、更有吸引力、更有成效。

第三节　革命文化教育

一、革命文化教育的内涵

革命文化教育是指教育主体运用中国共产党和中国人民在伟大的革命实践中形成的精神及其载体，对社会成员施加有目的、有计划、有组织的影响，使社会成员正确认识中国共产党和中国人民奋斗的光荣历史、文化积淀，并在新的历史时期继承和发扬在革命实践中形成的革命精神及革命优良传统的社会实践活动。

要深刻认识革命文化教育内涵，必须要充分把握革命文化教育特性，即革命文化教育是兼具政治性与文化性的思想政治教育活动。

一方面，革命文化教育作为一种思想政治教育活动，政治性是其根本属性。革命文化教育的实质是通过对中国革命斗争史及革命者的英雄事迹的宣传教育向受教育者传播中国共产党和中国人民在革命期间的价值观念、精神境界和行为准则。其主要目的是实现对受教育者的政治价值导向功能以及政治教化功能。具体来说，则是倡导以中国化时代化的马克思主义为指导思想、引导广大人民坚定共产主义和中国特色社会主义理想信念，并弘扬和践行以爱国主义和革命英雄主义为核心的革命精神以及革命优良传统，以激励人们更好地投身于新时代中国特色社会主义建设。

另一方面，革命文化教育具有文化性。首先，革命文化教育作为一种思想政治教育活动，其本身是文化影响个体价值的重要表现形式。其次，革命文化是中国特色社会主义文化的重要源泉，是文化自信的重要组成部分，革命文化教育除了担负自身的政治价值导向功能以及政治教化功能外，同中华优秀传统文化教育一样，其主要目标是形成、发展中华优秀文化传承体系，推动中国特色社会主义文化繁荣兴盛，并通过革命思想理念、革命优良传统以及革命精神的传播实现人们的文化自觉，增强人们对中国特色社会主义文化的认同及自信。

二、革命文化的思想政治教育功能

思想政治教育功能是指思想政治教育对受教育者和社会生活所能发挥的积极的有利的作用。作为思想政治教育的一种重要形式，中学生革命文化教育超越了一般的历史教育，主要以马克思主义的基本立场、观点和方法渗透到革命文化的丰富历史意蕴中。对于中学生思想政治教育而言，革命文化天然地具有培养政治认同、思想引领、道德规范和进行法纪教育的功能。

（一）政治认同功能

思想政治教育是为实现无产阶级的历史使命服务的，意识形态性是思想政治教育的本质属性。政治认同的对象主要包括政党、国家、政策、制度、价值等方面。革命文化教育能够增强学生对共产党和人民政府权威合法性的政治认同、对国家的政治认同、对实现共产主义远大理想和中国特色社会主义共同理想的政治认同。国家认同是政治认同的核心。革命文化在革命和建设时期对国家前途和民族命运起了关键作用，串联起中国共产党为实现革命理想不懈奋斗的昨天、今天和明天。在革命文化的"革命理想高于天"的感召下，中国共产党作为革命文化的引领者，凝聚起革命热忱和爱国情感，制定正确的革命政策方针，在不同的历史阶段制定始终适应历史发展趋势的具体战略目标和战略方针，代表了广大人民的要求，最终带领全国各族人民艰苦奋斗，取得民族解放、建立政权、恢复经济、确立并巩固社会主义基本制度等伟大成绩，也为改革开放和实现共产主义远大理想和中国特色社会主义共同理想奠定深厚的精神基础。因此，从引导中学生关心国家命运的国家政治认同入手，革命文化教育能站在历史发展的视野中，增强个体对执政党的认知度和亲和力，巩固中国共产党的执政地位；能够传播主流政治意识，从革命文化对共同价值目标的热烈追求中进一步加深对共同理想和当前社会价值目标的理解，帮助中学生明确党和国家的希冀和历史使命，进一步将个体的人生选择与时代机遇和祖国需要结合起来。

（二）思想引领功能

革命文化教育除了加强国家意识形态的功能，也具有引导中学生个人思想成长的功能。第一，革命文化教育能够激发学生个人主体意识。在革命和建设时期，革命形势和共产党人显著激发起人民群众的主体意识，使得在抗战时期出现了全国进步青年从四面八方汇聚革命圣地延安的动人景象。究其原因，正是追求真理、追求进步使得他们焕发出强烈的主体意识。正确的个人价值追求，顺应历史发展方向和社会需要的人生理想，有益于个体和社会的全面发展。革命文化教育引导中学生认识到自己作为社会历史创造者的主体地位，从而唤起中学生的主体意识，让中学生正确认识客观世界，正确认识学习动机，选择正确的成才之路。第二，革命文化教育能够提升中学生的思维能力。革命文化是对中华优秀传统文化和马克思主义的继承与发展。站在革命文化发展的视角进行革命文化教育，有助于中学生培养批判思维能力，突破思维局限，为创新素质的养成奠定基础。

（三）道德规范功能

思想政治教育是重要的德育方式。当代中学生大多数是独生子女，如何正确地认识和处理人与人、人与社会之间的关系是一个重要的德育课题。革命文化是一座丰富的道德财富的宝库，既继承了优秀传统道德的瑰宝，又添加了以艰苦奋斗、清正廉洁为代表的优秀革命道德，无数楷模的感人事迹给予我们无尽的精神力量。有些人认为，艰苦奋斗和清正廉洁的革命道德已经过时。仔细分析，当今社会转型过程中出现的道德滑坡、精神矮化等问题正是缺少革命道德引领的表现。革命文化不仅在革命年代发挥道德引领作用，在和平年代，其思想政治教育功能仍具有不可替代的作用。在当代中学生和平美好的生活中，其选择和所受诱惑比革命和建设初期更多更复杂，所以更需要教育引导中学生坚持在把握机遇中挑战自我，避免被拜金主义、享乐主义、消费主义、极端利己主义和权力意志主义等非马克思主义价值观思潮所裹挟，堕入庸俗、腐朽和落后的深渊。

（四）法纪教育功能

法律和纪律都是社会规范的特殊形式。"严明的纪律和规矩是马克思主义政党与生俱来的内在品质，是思想建党、组织建党的重要基础。"[1]在革命时期，由党组织制定的法律与纪律在内容和功能上互相补充，对军人和党员的行为起到了有力的约束规范作用，也对调节军民关系产生直接影响。最初诞生于井冈山根据地的"三大纪律六项注意"不仅凸显出红军的纪律严明，而且其中"买卖公平""借东西要还""损坏东西要赔"等纪律蕴含着权利和义务相统一的现代法律意识。抗日战争时期，对于陕甘宁边区曾立下赫赫战功的大队长黄克功逼婚未遂从而开枪打死女学生刘茜的恶性案件，党中央和毛泽东出于教育革命者和普通群众的深远考虑，根据红军的严明纪律和刑事法律对他判处并执行了死刑。这体现出战时的革命文化依然难能可贵地坚持法律面前人人平等的法治观念。法律素养是现代法治社会公民的必备素质，提升中学生的法律素养亦是依法治国的必然

---

[1] 中央党史研究室理论研究中心. 严明的纪律和规矩是党从胜利走向胜利的根本保证［N］. 光明日报，2015 – 12 – 07.

要求。在全面依法治国进入新时代的背景之下，中学生在张扬个性的同时更需要注意严格遵守法律和纪律。法纪教育不是简单的知识传授或强制管理。革命文化教育能够为提升中学生的法纪素养提供鲜活的法纪观念素材和法纪应用素材，并将提升法纪修养与社会责任、历史使命结合在一起，具有帮助中学生建立法律信仰和提高法律素养的法纪教育功能。

三、革命文化教育的内容

革命文化是中华民族在伟大革命时期形成的独特的文化形态，作为一种观念形态的文化，其本身包含多个范畴。革命理想、革命思想理论、革命精神、革命道德和革命优良作风都是其重要组成部分。文化的核心是价值观，革命文化的主要功能也在于对革命时期核心价值观的倡导与弘扬。革命精神，是革命文化的核心内容，作为革命时期价值信仰的集中体现，有利于引导人们树立正确的价值观。革命优良传统则是革命道德和革命作风等的集中反映，体现了老一辈无产阶级革命家的价值标准与行为规范，是革命文化的重要内容。革命精神教育和革命优良传统教育构成了革命文化教育的最主要内容。由于革命文化是某一历史时期的特定产物，所以革命文化的历史性又是其重要的特性，是革命文化教育的重要基石之一。

革命文化教育主要包括革命历史教育、革命精神教育、革命优良传统教育。在实际的教育活动过程中依托革命英雄人物的事迹教育，展现革命的优良道德及作风，体现文化的故事性。其中，革命历史教育在教育内容中起基础性作用，是革命精神教育及革命优良传统教育的历史土壤；革命精神教育是革命文化教育的核心，革命精神集中体现了中华民族在革命时期的价值取向及内在品质，革命精神教育的时代价值不仅在于坚定中学生的理想信念，还在于凝聚中学生的民族共识，积聚为实现伟大中国梦而不断奋斗的力量；革命优良传统教育是革命文化教育的重要内容，主要起着价值引导及行为规范的作用，是文化育人的重要体现。

第四节　中国特色社会主义宣传教育

习近平总书记指出:"中国特色社会主义,是科学社会主义理论逻辑和中国社会发展历史逻辑的辩证统一,是根植于中国大地、反映中国人民意愿、适应中国和时代发展进步要求的科学社会主义,是全面建成小康社会、加快推进社会主义现代化、实现中华民族伟大复兴的必由之路。"[①]要加强对中学生进行中国特色社会主义宣传教育,引导学生逐步领会中国特色社会主义的基本理念,了解改革开放以来,特别是中国特色社会主义进入新时代以来我国取得的伟大成就,不断树立为共产主义远大理想和中国特色社会主义共同理想而奋斗的信念和信心。

一、加强对中学生进行中国特色社会主义宣传教育的必要性

(一) 培养担当民族复兴大任的时代新人的需要

在党的十九大报告中,习近平总书记首次提出了"培养担当民族复兴大任的时代新人"这一重大时代命题,为学校指明了新历史方位下的人才培养定位,也为中学生全面发展提供了发展方向和目标。党的二十大报告明确指出:"教育、科技、人才是全面建设社会主义现代化国家的基础性、战略性支撑。"教育作为国之大计、党之大计,必须全面适应社会主义现代化建设的需要,培养德智体美劳全面发展的社会主义建设者和接班人,尤其应面向新时代新征程的民族复兴大任,为党育人、为国育才,在建设教育强国中着力培养担当民族复兴大任的时代新人。"时代新人应该自觉用马克思主义中国化最新成果武装头脑,增强自己的理论素养,深刻领会

---

①　习近平. 关于坚持和发展中国特色社会主义的几个问题. [N]. 人民日报, 2019-04-01 (1).

习近平新时代中国特色社会主义思想的内涵与实质。"① 是否具备勇于担当的时代使命自觉性是检验时代新人的重要标准。中学生只有把自己的个人发展与国家民族的发展紧密联系在一起，主动担当作为、奋发图强，回应时代呼唤，才能真正成长为担当民族复兴大任的时代新人。

（二）全面贯彻落实党的教育方针的需要

2022年11月，教育部出台的《关于进一步加强新时代中小学思政课建设的意见》指出，"加强党对中小学思政课建设的全面领导，全面贯彻党的教育方针，落实立德树人根本任务，积极培育和践行社会主义核心价值观，推进大中小学思想政治教育一体化建设"。新时代，习近平总书记从"教育是国之大计、党之大计"的高度提出了立德树人的根本任务以及培养社会主义建设者和接班人的时代使命。学校坚持社会主义办学方向，培养的建设者和接班人首要的是政治立场坚定，政治素质过硬，坚决拥护党的理论和路线方针政策。习近平新时代中国特色社会主义思想是党的最新理论成果，具有深度的科学真理性和强大的理论解释力，是学校思想政治教育工作的重要理论支撑和抓手，有助于学生增强"四个意识"，坚定"四个自信"，做到"两个维护"，这是完成新时代学校教育使命的关键所在。

二、对中学生进行中国特色社会主义宣传教育的主要内容

（一）讲清中国特色社会主义的基本理论问题

中国特色社会主义宣传教育，具体包括坚持和发展中国特色社会主义道路教育、坚持和发展中国特色社会主义理论体系教育、坚持和发展中国特色社会主义制度教育、坚持和发展中国特色社会主义文化教育等。要结

---

① 朱志明，刘映芳. 时代新人要勇于担当时代责任和历史使命 [J]. 红旗文稿，2018（8）：38—39.

合改革开放40多年来的历史进程，引导学生深刻理解中国特色社会主义道路是实现社会主义现代化、创造人民美好生活的必由之路，是实现中华民族伟大复兴的必由之路，坚定道路自信；引导学生深刻理解中国特色社会主义理论体系"科学回答了建设中国特色社会主义的发展道路、发展阶段、根本任务、发展动力、发展战略、政治保证、祖国统一、外交和国际战略、领导力量和依靠力量等一系列基本问题"，"实现了马克思主义中国化新的飞跃"，[1] 坚定理论自信；引导学生深刻理解中国特色社会主义制度和国家治理体系是以马克思主义为指导、根植于中国大地、具有浓厚中华文化根基、深得人民拥护的制度和治理体系，是具有强大生命力和巨大优越性的制度和治理体系，坚定制度自信；引导学生深刻理解中国特色社会主义文化积淀着中华民族最深沉的精神追求，代表着中华民族独特的精神标识，是激励全党全国各族人民奋勇前进的强大精神力量，坚定文化自信；要讲清中国特色社会主义的巨大成就以及存在的客观问题，分清主流和支流，坚定改革开放的决心和信心；要讲清中国特色社会主义肩负着实现国家富强、民族振兴、人民幸福的历史使命，完成这一使命需要全党全国各族人民担负起坚持和发展中国特色社会主义的重任。

（二）讲清学生普遍关心的社会热点问题

在全球化、信息化时代，虽然人们的价值观念多元多变多样，但是一些涉及人民群众根本利益的问题，依然能够得到全社会的普遍关注。针对这些社会热点问题如果不及时有效地对人们加以解释和引导，就有可能危害社会的稳定和发展，损害中国特色社会主义的声誉。例如，针对个别干部腐败问题，教师需要向学生讲清腐败问题的根源、党和国家治理腐败的对策以及取得的显著成效；针对谣言传播问题，教师需要向学生讲清谣言

---

[1] 中共中央关于党的百年奋斗重大成就和历史经验的决议 [M]. 北京：人民出版社，2021.

传播的特点、谣言传播的机制、谣言背后的目的以及抵制谣言的措施；针对社会道德问题，教师需要向学生讲清道德现象的成因，让学生及时掌握主流价值导向，弘扬社会公平正义；对重大社会热点问题要讲清来龙去脉，以辩证的思维、理论的分析、通俗的解释提高学生的政治理论素养，从而增强社会理性、促进社会和谐。

三、加强中学生中国特色社会主义宣传教育应注意的问题

（一）要充分发挥科学理论的力量

要坚持不懈地用中国特色社会主义理论体系，尤其是习近平新时代中国特色社会主义思想武装学生头脑，引导学生原原本本地研读党的最新理论创新成果，着眼内在逻辑，深刻领会其蕴含的理论新飞跃、方位新标定、前进新目标、战略新部署，做到系统把握；着眼时代价值，深刻领会党开辟的马克思主义新境界、中国特色社会主义新境界、治国理政新境界、管党治党新境界，做到融会贯通，切实从理论高度搞清楚历史怎样演变、未来怎样前行等一系列根本问题，从而不断增强"四个自信"。

（二）要充分发挥伟大实践的力量

要从历史和现实的对照、国际和国内的比较中，展示中国成就、阐释中国创造、揭示中国经验，让人们看到发展成果蕴含的价值理念，看到伟大实践昭示的发展方向。宣传教育重在联系实际、回应关切、解疑释惑。党的十八大以来，以习近平同志为核心的党中央，团结带领全党全国各族人民有效应对严峻复杂的国际形势和接踵而至的巨大风险挑战，以奋发有为的精神把新时代中国特色社会主义不断推向前进，党和国家事业取得历史性成就，发生历史性变革。我们要充分利用这种士气高涨、斗志昂扬、生机盎然的新气象新局面，增强中国特色社会主义宣传教育的吸引力和感

染力，让学生爱听爱看、入耳入脑，产生共鸣，充分发挥正面宣传教育鼓舞人、激励人的作用。要激发和督促学生走到社会中去，到农村、社区、企业甚至家庭调查走访，以自己的视角去观察、思考社会，体会我国改革开放的伟大实践成果。用马克思主义的立场、观点和方法，分析中国特色社会主义的内涵和意义，用火热的社会实践证明党的创新理论的科学性、指导性，做到知行合一。

（三）要把深入开展中国特色社会主义宣传教育，同开展中国梦宣传教育结合起来

坚持和发展中国特色社会主义，阶段性的目标就是在中国共产党成立100年时全面建成小康社会，这一目标已经实现；到新中国成立100年时建成富强民主文明和谐美丽的社会主义现代化国家，进而实现中华民族伟大复兴，这就是习近平总书记提出的伟大的中国梦。这一梦想凝聚和寄托了几代中国人的美好夙愿，体现了中华民族和中国人民的整体利益，是全体中华儿女的共同期盼。深化中国特色社会主义宣传教育，就要把国家和民族的光明前景讲清楚，把伟大梦想的实现路径讲明白，教育引导学生更加坚定自觉地在中国特色社会主义道路上，为实现伟大的中国梦而团结奋斗、不懈奋斗。中国梦这一重大战略思想，具有强大的时代感召力。我们学习宣传中国梦，要准确把握中国梦的本质是国家富强、民族振兴、人民幸福，实现中国梦必须走中国道路、弘扬中国精神、凝聚中国力量。要通过宣传教育，汇聚起追梦圆梦的正能量，引导学生勇于承担起民族复兴的时代重任，通过辛勤劳动和艰苦努力，使中华民族伟大复兴的中国梦早日实现。

第五节　中国梦主题宣传教育

2012年11月29日，在国家博物馆，习近平总书记在参观《复兴之路》展览时，第一次阐释了"中国梦"的概念。他说："现在大家都在讨论'中国梦'。我以为，实现中华民族伟大复兴，就是中华民族近代以来最伟大的梦想。"[①] 他坚信，到中国共产党成立100年时全面建成小康社会的目标一定能实现，到新中国成立100年时建成富强民主文明和谐的社会主义现代化国家的目标一定能实现，中华民族伟大复兴的梦想一定能实现。

一、中国梦的基本内涵

中国梦的内涵，首先要从国家层面进行分析。中国梦的目标，是实现国家的富强。而一个国家能够富强起来，从深层次分析，又包括两个不同的方面。具体而言，"富强"一词由"富"和"强"两个不同含义的字组成。一个富裕的国家不一定是强盛的，一个强盛的国家不一定是富裕的。富裕与强盛于国家层面的中国梦而言，是不可或缺的辩证统一体。仅富裕不强盛，或仅强盛不富裕，都不是真正意义上的中华民族伟大复兴。国家富裕，更侧重物质层面的富足与充裕，而国家强盛，就不仅仅局限于物质层面的富足与充裕等硬实力，还包括外交实力、文化影响力、科技创新力等软实力、巧实力。

其次，可以从民族层面来认识中国梦。从民族层面认识中国梦，主要是指要实现民族的复兴。实现民族复兴，有一个特定的前提，就是该民族在历史上曾经兴盛过。中华民族在历史上曾创造过令世人震惊的壮举，谱

---

① 习近平在参观《复兴之路》展览时的讲话［N］．人民日报，2012-11-30.

写了五千年之久的中华文明。中华文明是人类文明史上从未中断过的文明，这是中华儿女引以为豪的一大幸事。但自鸦片战争以来，伴随西方帝国主义列强的入侵，中华民族遭受了难以名状的耻辱和苦难，甚至曾一度被推向文明的边缘。所以从民族层面来认识中国梦，中国梦的目标除了实现国家富强外便有了另一层深意，即重振中华文明在世界文明史上的辉煌，而这一深意，正是习近平总书记在把握历史发展的内在逻辑和内在规律的基础上赋予的。

最后，可以从人民的层面来认识中国梦。渴盼人民获得幸福，是中国梦的又一层深意。人民群众对幸福生活的追求，是具有动态性的。在不同的历史时期，人民群众对幸福生活的追求是具有差异性的。在近代民主主义革命时期，人民最幸福的莫过于推翻"三座大山"，自己可以做自己的主人而不必再受驱使和压迫。改革开放伊始，面对落后的生产力发展水平，部分人民群众仍挣扎在饥饿与贫困的边缘，全国人民最幸福的莫过于通过发展生产力填饱肚子、摆脱贫困。党的十八大以来，近一亿农村贫困人口实现脱贫，历史性地解决了绝对贫困问题，创造了人类减贫史上的奇迹。

二、正确理解实现中华民族伟大复兴的中国梦

如前所述，习近平总书记在2012年底参观《复兴之路》展览时第一次阐释了"中国梦"的概念。习近平总书记在十二届全国人民代表大会第一次会议上明确、具体地指出了什么是我们应该追逐的国家梦想。从时间节点上来看，追逐国家梦想要实现两大阶段性目标，一是到建党百年之际全面建成小康社会，二是新中国百年华诞之时建成社会主义现代化国家。从现实要求来看，追逐国家梦想，就是要实现中华民族伟大复兴；从具体内容来看，"实现中华民族伟大复兴的中国梦，就是要实现国家富强、民

族振兴、人民幸福"①。2013年4月28日，习近平总书记在同全国劳动模范代表座谈时强调，唯有实干，我们伟大的国家梦想才能够成真。要让中学生理解逐梦的征程绝不会一帆风顺，但一定要对国家梦想的实现充满信心。只要我们心往一处想、劲往一处使，脚踏实地、埋头苦干，这个梦想就必定成为现实。

我们要明确中国梦与中国特色社会主义共同理想之间的内在关系。中国梦是中国特色社会主义共同理想的更高阶段，是共同的大众化表达，中国梦是中国特色社会主义共同理想的最新体现，具体回答了理想的实现路径。

首先，从更高层次看，中国特色社会主义共同理想的目标就是要实现中华民族伟大复兴，即要实现中国梦。可以说共同理想已经包含中国梦，中国梦是其更高阶段。党的十九届六中全会审议通过了《中共中央关于党的百年奋斗重大成就和历史经验的决议》。决议指出："今天，我们比历史上任何时期都更接近、更有信心和能力实现中华民族伟大复兴的目标。"

其次，中国梦是中国特色社会主义共同理想的大众化表达。中国特色社会主义共同理想在表达上一方面具有强烈的意识形态性，另一方面也比较抽象。"意识形态的内容用非意识形态的话语体系表达更容易被接受。"② 中国梦在内容上仍然是建设中国特色社会主义，但是在表达上却选择了大众乐于接受的话语表达方式，它对于人们来说既有憧憬的一面，也有可以实现、摸得着的一面，它既具有科学的一面，也有亲民的一面。总之，中国梦的内涵让社会主义变得更加具体、亲切。

再次，中国梦是中国特色社会主义共同理想的最新体现。在梦想的主

---

① 习近平在第十二届全国人民代表大会第一次会议上的讲话 [N]. 人民日报，2013－03－18.

② 辛鸣. "中国梦"、中国道路与中国特色社会主义 [N]. 学习时报，2013－03－11.

体方面，中国特色社会主义共同理想的主体包括党、国家、民族及个体。中国梦在主体上则明确表示它是国家梦、社会梦和个人梦的统一。2012年11月29日，中央领导集体参观《复兴之路》展览时，习近平总书记强调，"历史告诉我们，每个人的前途命运都与国家和民族的前途命运紧密相连。国家好，民族好，大家才会好。"同时，他也在十二届全国人大一次会议上指出："中国梦是民族的梦，也是每个中国人的梦。只要我们紧密团结，万众一心，为实现共同梦想而奋斗，实现梦想的力量就无比强大，我们每个人为实现自己梦想的努力就拥有广阔的空间。"在梦想实现的时间上，中国梦提出了实现社会主义现代化建设、中华民族伟大复兴实现的具体时间点。在具体目标上，中国梦明确提出要使国家富强、民族振兴以及人民幸福。

最后，中国梦为中国特色社会主义共同理想提出了更为具体的实现路径，即要实现中华民族伟大复兴，就必须坚持走中国特色社会主义道路，必须要弘扬中国精神，必须凝聚中国力量。

三、当代中学生中国梦教育的目标

习近平总书记将中国梦的实现寄希望于青年一代，在他看来，这一梦想要由广大青年不懈努力才能实现。在当代中学生这一青少年群体中开展中国梦教育，推进学校思想政治教育工作，即要让中学生从理论上把握中国梦、从情感上认同中国梦、在实践中践行中国梦。

（一）从理论上把握中国梦

从理论上认知和把握中国梦的内在本质与基本内涵，是当代中学生在学校学习期间接受系统中国梦教育的基础环节。当代中学生通过接受系统的中国梦教育，对社会发展趋势能够有正确的认识与把握，对人生价值与个人价值的实现能够有更深层次的体悟。只有从理论层面理性认知和整体把握中国梦的本质与内涵，中学生才能够明确当代中国发展的实际进程、明确奋斗的发展方向、摆好正确的人生坐标。换句话说，只有从理论上理顺和弄懂中国梦的本质与内涵，当代中学生才能够深刻认识到中国梦并不是抽象虚无的、不可捉摸的和难以实现的空想，而是有着坚实的人民群众基础、物质文化基础和上层建筑基础，有着非常具体的目标与明确的实践路径。

（二）从情感上认同中国梦

开展中国梦教育，目的是帮助中学生从内心深处认同中国特色社会主义道路、理论、制度、文化。唯有如此，中学生才能真正做到道路自信、理论自信、制度自信、文化自信。这些自信的形成，不仅要靠外部灌输，更要靠内心体悟。"四个自信"的形成，直接关乎中学生追逐梦想征程中意志的坚定性与克服困难的决心与勇气。中学生愈憧憬中国梦的美好明天，就愈应坚定这"四个自信"。这"四个自信"好似一座座路标，指引着中学生不懈奋斗、勇于登攀。这"四个自信"将促使中学生与广大人民群众一道接续奋斗，不断接近中国梦的实现。因此，在学校开展中国梦教育应将增强中学生的"四个自信"作为教育目标之一。同时，当代中学生认同中国梦，与认同我们当前选择的道路、理论体系、制度与文化具有同一性。中国梦的实现，离不开走好我们自己的道路、发展我们的理论体系、完善我们的制度和建构中国特色社会主义的文化。

（三）践行中国梦

中学生中国梦教育的基本目标不应仅停留在理论教育与情感认同的层面，还必须上升到具体的实践操作层面。也就是说，从理论上把握中国梦与在情感上认同中国梦，均是为更好地践行中国梦服务的。当代中学生能否践行中国梦，是衡量中国梦教育是否成功的基本标志。众所周知，中华民族在历史上曾创造的灿烂辉煌，社会主义中国在今天所取得的巨大成就，不是"想"出来的，更不是"等"出来的，而恰恰是一步一个脚印

"走"出来的,是克服一个接一个的困难"干"出来的。中华民族伟大复兴不能靠空谈,只能靠真抓实干才能实现。

第六节 时事政策教育

一、时事政策教育的内涵

具体来说,时事政策教育包括"时事"和"政策"这两个方面。《现代汉语规范用法大词典》将"时事"阐述为"最近期间国内外发生的大事,时事侧重指各种大事情本身,适用于最近期间所发生的事"。因此"时事"的含义涉及以下几个方面:第一,在时间上强调当前或最近发生;第二,在空间上包括国际、地方、国内等三个范围;第三,在层次上,要求是重大、重要、有重大影响的事情;第四,在状态上,既包括事情在当前阶段、某一范围内的已经发生、相对稳定的状态,也包括事情在当前阶段、某一范围内即将发生的内在变化和动态趋势;第五,在内容上,涉及经济、政治、文化、社会、生态、教育、科技、军事、外交等方面的大事。例如经济方面,有我国当前产业结构调整、经济增长方式转变、财政政策和货币政策的调整以及带来的经济状况的改变等内容。通过以上对"时事"和"政策"的解读,可知时事政策教育同时事教育、时事政治教育、形势政策教育等几个概念之间,一方面存在着内在的紧密联系,即在内容上都包括国内外形势以及党和国家的重大方针政策这两个方面,在本质上、根本目的上都是巩固马克思主义主流意识形态;另一方面又相互区别,存在着一定的差异性。具体来说,时事教育主要指向人们传播能够给其生活造成重大影响的国内外形势以及宣传党和政府的方针政策等的教育活动,强调教育的时效性。时事政治教育与时事教育相比,更突出国内外形势及党和国家的重大方针政策中的政治性内容,通过开展相关的宣传组织工作，使人们的思想更符合统治阶级意志的要求。形势政策教育，又被称为形势和政策教育，它跟时事政策教育、时事政治教育相比，更偏重于对学生进行国内外发展动态和趋势等方面内容的教育，其研究的形势一般不仅包括当前的形势，也包括过去的形势和未来的形势。时事政策教育强调时事教育和政策教育这两个方面的教育。它与时事教育相比，在表述上更全面；它与时事政治教育相比，不仅内在包含了教育活动的政治性要求，更外显了教育活动所涉及的时事与政策两个方面的教育内容。在一般意义上，时事政策教育、形势政策教育、时事政治教育、时事教育、时政教育这几个概念常常被混在一起使用，不作严格区分。

中学生的时事政策教育主要是在中学生的思想政治（道德与法治）课上进行。中学生思想政治课时事政策教育主要是以中学生为研究对象，在尊重中学生身心发展的特点和规律的基础上，思想政治（道德与法治）课教师在课堂上根据教学需要有机结合国内外重大时事以及党和国家的基本路线、重大方针政策对中学生开展教育活动，其目的是激发中学生的爱国主义精神、增强其民族自信心和社会责任感。在思想政治（道德与法治）课中针对中学生进行的时事政策教育，区别于对中学生进行的日常思想政治工作。中学生思想政治课时事政策教育主要是在结合思想政治（道德与法治）课教材的基础上对中学生进行时事和政策两方面内容的教育，其目的是加强中学生在国内外重大形势及党和国家重大方针政策方面的认识，让他们全面学习和践行党和国家的基本路线、基本经验和重要决策。而对中学生开展的日常思想政治工作，涉及的内容和包含的范围很广泛，只要是跟中学生日常学习、生活紧密相关的思想上、认识上有关的问题都是对中学生进行日常思想政治工作的范畴。

二、对中学生进行时事政策教育的必要性

第一，时事政策教育是学校思想政治教育的重要组成部分，而贴近生

活的时事政策教育恰好可以架起政治理论和现实世界的桥梁，为学生理解和运用理论知识点起到连接作用。如中学生学习马克思主义的经典理论时，因时代背景的变化，他们对马克思主义经典理论的理解会受到一定程度的阻碍。如何更好更深入地理解马克思主义经典理论与建设中国社会主义现代化之间的关系，时事政策教育起到了桥梁作用，能有效地将两者连接起来。

第二，时事政策教育是中学生接受法治观念的通道。现代社会，一方面人们的民主意识和法治观念不断增强，另一方面中国目前的法制还不够健全，所以在某种程度上，这种矛盾影响了社会改革的进程。因此，我们在建设社会主义物质文明和精神文明的同时，还要建设社会主义政治文明和法治文明。在建设社会主义法治国家的进程中，中学生是非常重要的一个群体。对中学生进行时事政策教育，能提升中学生的法治素养，激发中学生建设社会主义政治文明和法治文明的热情。

第三，时事政策教育能适应素质教育下中高考命题改革的需要。一是通过对历年来中高考（含学业水平等级考试）思想政治（道德与法治）试卷的分析，我们发现其命题注重将长效热点和年度热点相结合，注重引导学生关注党和国家的重大方针政策，并注重考查学生的辨识与判断、分析与综合、推理与论证、探究与构建、反思与评价等能力。二是同应试教育偏重对学生知识能力的考查相比，素质教育背景下的命题以能力测试为主，重视新材料和新情境的创设和运用，注重考查学生运用所学知识分析和解决实际问题的能力。

第四，时事政策教育是加强中学生思辨能力和实践探究能力的需要。现代社会的网络环境、媒体舆论异常复杂，中学生心理、认知、思维的发展存在较多的冲突和矛盾，处在一个发展相对不平衡的状态，他们对复杂信息的处理能力有限。因此，加强中学生的思辨能力，需要思政课教师对其加以引导，通过树立和增强中学生在课堂学习中的主体地位，让他们自觉地对所接触到的教学内容进行思考和辨析，主动将接触到的事物进行内化、加工和外化。

总之，新时代中学生理想信念教育，应围绕下列内容展开：马列主义和马克思主义中国化时代化成果的学习教育，特别是习近平新时代中国特色社会主义思想学习教育；中国历史特别是近现代史教育；革命文化教育；中国特色社会主义宣传教育；中国梦主题宣传教育；时事政策教育；等等。这些内容本身是相互联系、相互贯通的。其中，马列主义和马克思主义中国化时代化成果的学习教育，特别是习近平新时代中国特色社会主义思想教育，是中学生理想信念教育的灵魂，起引领作用；中国近现代史教育、革命文化教育，为中学生形成坚定的理想信念提供坚实的思想、历史、文化支持；中国特色社会主义宣传教育，集中表现为中国特色社会主义道路自信、理论自信、制度自信、文化自信教育；中国梦主题宣传教育，是中学生理想信念教育的主要内容；时事政策教育，为中学生形成坚定的理想信念提供生活实践支撑。

第三章　新时代中学生理想信念教育现状分析

第一节　新时代中学生理想信念教育取得显著成效

围绕新时代中学生理想信念教育这一问题，本课题组在山东省济南市范围内进行了问卷调查。在设计调查问卷时，课题组考虑到如下几方面：第一，问卷确定的调查对象是中学生，也就是初中生和高中生两个学段的学生群体，因此在调查问卷问题的设计和表述上，充分考虑调查群体的年龄特征，既追踪历史的步伐，又紧跟时代步伐，选取的人物事例具有典型性、代表性，努力做到使中学生在做问卷时被内容所吸引，让他们眼前一亮，充满兴趣。第二，问卷确定的调查内容分为三部分，分别是中学生所处的学段、中学生理想信念教育的现状以及影响中学生理想信念教育的因素。问卷一共设计了19道选择题，其中单项选择题17道，多项选择题2道。第三，本研究认为中学生的理想信念是一个动态的形成过程，初中和高中两个学段中学生的理想信念教育的现状及影响因素是有区别的，因此问卷的发放、搜集和最终的数据分析是分类开展的。

调查问卷借助问卷星的方法，采用网上填写问卷的形式，抽样调查的范围是山东省济南市部分中学，包括山东师范大学附属中学、济南中学、济南第三中学、济南第九中学、济南外国语学校、济南新航实验外国语学校、济南砚泉学校、济南市长清第一中学、济南市莱芜第一中学、济南市历城第一中学、山东省济南第一中学和济南市章丘区第四中学。从2021年6月到7月，历时一个多月，被调查群体涉及初中生和高中生，抽样对象分布比较合理，能够真实地反映出新时代中学生理想信念的现状。课题组在掌握了大量第一手材料的基础上进行分析和研究，使本课题的研究结果更具有科学性和时效性。

本次问卷调查共发放问卷数量3448份，其中初中1188份，高中2260份，均为有效问卷。调查显示，新时代中学生理想信念教育取得很大成绩。

一、有着较为坚定的共产主义远大理想

表3-1　问卷第13题回答情况

题目	选项	小计	比例
13. 中国共产主义的先驱、中国共产党的主要创始人李大钊曾预言："试看将来的环球，必是赤旗的世界！"你是否赞同这一观点（　　）（单选题）	A. 赞同，共产主义是人类社会发展的必然趋势	3349	97.13%
	B. 不赞同，共产主义只是一种美好的空想，不可能实现	56	1.62%
	C. 不清楚、不了解	43	1.25%
	本题有效填写人次	3448	

在关于共产主义的前途和命运这一问题的回答中，如表3-1所示，97.13%的同学赞同中国共产党的主要创始人李大钊的预言："试看将来的环球，必是赤旗的世界！"认为"共产主义是人类社会发展的必然趋势"的学生的人数占到了抽样调查对象的绝大多数，仅有1.25%的同学选择"不清楚、不了解"，但也有1.62%的同学选择"不赞同，共产主义只是

一种美好的空想，不可能实现"。从调查问卷结果来看，我们可以得出结论：当前绝大多数的中学生能够自觉树立起共产主义理想信念，并且有着较为坚定的共产主义远大理想，对共产主义理想信念的前途和命运充满必胜的信心和决心。

坚定共产主义理想信念，是习近平总书记在多次讲话中反复强调的内容。2014年，习近平总书记在北京大学师生座谈会上指出："青年的价值取向决定了未来整个社会的价值取向，而青年又处在价值观形成和确立的时期，抓好这一时期的价值观养成十分重要。这就像穿衣服扣扣子一样，如果第一粒扣子扣错了，剩余的扣子都会扣错。人生的扣子从一开始就要扣好。"中学生正处于世界观、人生观、价值观形成的关键时期，面对中国特色社会主义进入新时代的发展机遇期，对于新时代的中学生，引导其树立共产主义远大理想显得尤为重要，不仅要在他们心中树立，更要引导他们带着心中坚定的理想信念，努力追求并践行理想信念，为实现中华民族第二个百年奋斗目标不懈努力，这也是我们作为新时代思政课教师应有的责任与担当。

二、认同中国特色社会主义，自觉坚定"四个自信"

表3-2 问卷第9题回答情况

题 目	选 项	小计	比 例
9. 我国在全面建成小康社会、实现第一个百年奋斗目标之后，乘势而上开启全面建设社会主义现代化国家新征程、向第二个百年奋斗目标进军的第一个五年。这个五年是指（　　）（单选题）	A. "十四五"规划	2483	72.0%
	B. "十三五"规划	799	23.2%
	C. "十二五"规划	166	4.8%
	本题有效填写人次	3448	

中国特色社会主义共同理想,是社会主义核心价值体系的基本内容之一。作为新时代社会主义事业的建设者和接班人,新时代中学生应牢固树立中国特色社会主义共同理想,坚定中国特色社会主义道路自信、理论自信、制度自信、文化自信,将自身的爱国情、强国志融入建设中国特色社会主义事业中。

在回答问卷第9题时,72.0%的中学生能够明确说出我国的"十四五"规划是开启全面建设社会主义现代化国家新征程的第一个五年,23.2%的中学生答案是"十三五"规划,还有4.8%的中学生回答是"十二五"规划。从抽样调查数据的图表中我们可以看出,当前,大部分的中学生对我国的基本国情把握到位,了解当前我国经济发展的方向和路线图,有着较好的政治学科核心素养。

表3-3 问卷第10题回答情况

题 目	选 项	小计	比 例
10. 2020年,在全球经济低迷的情况下,中国在世界主要经济体中率先实现经济正增长,对此你认为( )(单选题)	A. 中国特色社会主义制度具有无可比拟的优越性	2960	85.85%
	B. 中国已经进入发达国家行列,有很强的抵御风险能力	320	9.28%
	C. 中国经济只是一种暂时的增长	168	4.87%
	本题有效填写人次	3448	

在回答问卷第10题时,有高达85.85%的中学生认为与西方资本主义制度相比,中国特色社会主义制度有着无可比拟的优越性,仅有4.87%的中学生认为中国当前的经济增长只是一种暂时的增长,还有9.28%的同学出现基础理论知识性错误,误认为中国目前已经进入发达国家的行列。

从调查数据不难看出,当前绝大部分的中学生对中国特色社会主义有着比较深刻的政治认同和情感认同,能够感受到作为中华儿女的无上荣耀和无比自豪。在中国共产党的坚强领导下,中国经济依然保持难得的正增长形势和长期向好的发展趋势。这无不展现出中国的伟大精神已成为中国人民众志成城、共克时艰的力量之本、信心之源,无不彰显出中国特色社会主义制度的强大优势。

我们从调查数据分析结果可以看出,大多数的同学能够自觉树立中国特色社会主义制度自信、理论自信、道路自信、文化自信,能够在中国共产党的领导下,高扬中国特色社会主义伟大旗帜,坚定不移地走中国特色社会主义道路,对实现中华民族伟大复兴的中国梦满怀信心。

表3-4 问卷第11题回答情况

题 目	选 项	小计	比 例
11. 他被誉为"世界杂交水稻之父",被授予"共和国勋章",多年来始终在农业科研第一线辛勤耕耘,不仅为解决中国人民的温饱和保障国家粮食安全作出了贡献,更为世界和平和社会进步树立了丰碑。他就是( )(单选题)	A. 袁隆平	3429	99.45%
	B. 李登海	13	0.38%
	C. 钟南山	6	0.17%
	本题有效填写人次	3448	

在回答问卷第11题时,99.45%的同学清晰地回答出袁隆平这位对我国乃至世界作出巨大贡献的科学家,仅有0.38%的同学答案是李登海,0.17%的同学答案是钟南山。

榜样,作为我们国家的优秀人物,他们的事迹能够体现出伟大的中华民族精神和社会主义核心价值观的先进性。他们来源于人民,深深扎根于人民群众的生活实践,与人民群众保持着血肉联系,其人物形象是鲜活的、现实的;与此同时,他们又超越于一般的人民群众,他们的身上有着更高的思想站位、更加坚定的理想信念、更崇高的精神境界和更良好的品德修为，是伟大的中华民族精神的承载者和社会主义核心价值体系的践行者。伟大的科学家，作为时代的榜样，他们的一言一行、一举一动都会影响社会形成正确的价值导向，尤其对中学生心灵健康成长具有重大作用，发挥着"启迪思想、陶冶情操、温润心灵"的功能。

向榜样学习，就是要在全社会树立起一个道德标杆，用榜样的力量鼓舞人，用榜样的力量引导人，用榜样的力量推动人，这也正是榜样所具有的神奇力量，促进人们努力追求更高的思想觉悟、一定的精神境界和良好的道德修养。而这，正是榜样的力量和作用所在。从调查数据分析中，我们可以得出结论：目前几乎所有的中学生都能熟知对中国乃至世界作出巨大贡献的英雄楷模，并且能够自觉致敬榜样，立志向榜样学习，学习他们的精神，学习他们的事迹，用榜样的力量引领自身的成长。

当前时代，信息化、网络化迅速发展，越来越多的中学生开始在网络上关注"明星"，追星成为中学生的一种兴趣爱好。作为教师，我们要引导学生正确追星，追正确的星，比如追袁隆平那样的星。

伟大时代呼唤伟大精神，崇高事业需要榜样引领。数据结果从侧面也可以反映出思政课教学中，英雄榜样教育对中学生形成正确价值导向的作用举足轻重，功不可没。

三、"四史"教育成效显著，人人拥护中国共产党的领导

中国共产党从成立以来，领导和团结全国各族人民站起来、富起来、强起来，铸就了百年奋斗的光荣历史。在中国特色社会主义进入新时代的历史方位下，对中学生开展"党史、新中国史、改革开放史、社会主义发展史"的学习教育，让中学生知史爱党、知史爱国，铭记历史、缅怀先烈，传承红色基因、厚植家国情怀，从历史中汲取养分，树立崇高理想信念，不断强化中学生爱党爱国的思想自觉和行动自觉，认真扣好人生第一粒扣子，从而更加坚定地为中国特色社会主义建设不懈奋斗。

表 3-5 问卷第 5 题回答情况

题 目	选 项	小计	比 例
5. 每当星期一的早晨，我们在操场上排着整齐的队伍，举行庄严的升旗仪式。五星红旗冉冉升起，我们大声齐唱国歌，"起来，起来，起来，我们_____，冒着敌人的炮火前进"。请你对国歌进行填词（　　）（单选题）	A. 万众一心	3142	91.1%
	B. 团结一致	104	3.0%
	C. 奋勇向前	202	5.9%
	本题有效填写人次	3448	

在回答问卷第 5 题时，有 91.1% 的中学生能够准确无误地对我们的国歌《义勇军进行曲》进行填词，3.0% 的中学生选择"团结一致"，还有 5.9% 的中学生选择"奋勇向前"，共计 8.9% 的中学生记错国歌的歌词。

中华人民共和国国歌是中华人民共和国的象征和标志。多年来，国歌所承载的爱国情怀、忧患意识和奋勇前行的民族精神深入人心。每一句歌词中，都饱含着砥砺奋进的中国精神和中国力量，激发出每个中国人为梦想奋斗的壮志豪情。调查数据显示绝大多数中学生能够熟练唱出国歌，这蕴含着学生浓浓的爱国情怀。这有利于增强他们的民族自豪感和责任感，必将激励他们奋发向上，不断进步！

表 3-6 问卷第 6 题回答情况

题 目	选 项	小计	比 例
6. 中国共产党成立的时间和标志性事件是（　　）（单选题）	A. 1921 年 7 月，中共一大的召开	3271	94.87%
	B. 1919 年 5 月，五四运动的爆发	98	2.84%
	C. 1927 年 8 月，南昌起义的爆发	79	2.29%
	本题有效填写人次	3448	

在回答问卷第 6 题时，有 94.87% 的同学回答正确。另外，有 2.84% 的同学选择了"1919 年 5 月，五四运动的爆发"，还有 2.29% 的同学选择

了"1927年8月，南昌起义的爆发"。

我们从数据结果可以看出：思政课教学注重"四史"教育，成效显著。大部分学生能够熟知"四史"的重大典型事件。

2021年5月，中共中央办公厅印发的《关于在全社会开展党史、新中国史、改革开放史、社会主义发展史宣传教育的通知》强调："各地区各部门要始终把握正确导向，树立正确历史观，准确把握党史、新中国史、改革开放史、社会主义发展史的主题主线、主流本质，旗帜鲜明反对历史虚无主义。要突出青少年群体，把握青少年群体的特点和习惯，组织好青少年学习教育，厚植爱党爱国爱社会主义的情感，让红色基因、革命薪火代代传承。"[1]

党史、新中国史、改革开放史、社会主义发展史是百年来中国共产党在不同时期为我们留下的宝贵精神财富。"四史"集体展现了中国共产党的优良作风和伟大精神，蕴含着中华优秀传统文化和伟大的中华民族精神，因此加强学生"四史"教育，用"四史"中涌现出来的伟大精神引导、鼓舞、感化学生，将"四史"教育融入新时代中学生理想信念教育的过程中，有利于中学生坚定共产主义远大理想和中国特色社会主义共同理想。

表3-7 问卷第7题回答情况

题 目	选 项	小计	比 例
7. 作为一名中国共产党党员，在身陷囹圄后，面对敌人的严刑和利诱毫不动摇，他以笔代枪，凭着对革命事业的巨大热忱，克服重重困难写下了《可爱的中国》，就义时年仅36岁。临刑前，他留下遗言："敌人只能砍下我们的头颅，绝不能动摇我们的信仰。我们信仰的主义，乃是宇宙的真理！"这位革命先辈是（　）（单选题）	A. 方志敏	2323	67.37%
	B. 瞿秋白	806	23.38%
	C. 夏明翰	319	9.25%
	本题有效填写人次	3448	

---

[1] 中共中央办公厅. 在全社会开展党史、新中国史、改革开放史、社会主义发展史宣传教育[N]. 人民日报, 2021-05-26（1）.

在回答问卷第 7 题时，有 67.37% 的同学熟知革命先烈方志敏的感人事迹，除此之外，有 23.38% 的同学的答案是瞿秋白，还有 9.25% 的同学选择夏明翰。

从数据结果我们可以进一步得出结论：目前，学校对中学生开展的"四史"教育取得了可喜的成效。历史是最好的教科书，"四史"教育让同学们从英雄先烈身上汲取智慧和能量；学校可以结合自身的优势去策划设计课程，注重"四史"学习教育的整体规划，统筹推进，多视域拓展、多角度发力，使"四史"学习教育真正做深、做实，让学生真听、真信、真感动、真践行，助力他们了解中国共产党的奋斗历程和我国革命和社会主义建设的伟大成果，在英雄先烈们用热血和身躯为我们铺成的胜利大道上继续奋勇前行。

表 3-8 问卷第 8 题回答情况

题 目	选 项	小计	比 例
8. 作出我国实行改革开放重大决策的会议是（　　）（单选题）	A. 1977 年党的十一大	244	7.08%
	B. 1978 年党的十一届三中全会	3065	88.89%
	C. 1984 年党的十二届三中全会	139	4.03%
	本题有效填写人次	3448	

如表 3-8 所示，在回答问卷第 8 题时，调查结果显示，88.89% 的同学能够正确回答出我国实行改革开放的时间和标志性事件，7.08% 的同学选择"1977 年党的十一大"，还有 4.03% 的同学选择"1984 年党的十二届三中全会"。

中国改革开放 40 多年的实践充分证明，中国共产党团结带领全国各族人民开辟的中国特色社会主义道路是完全正确的。回首过去 40 多年的风雨历程，虽路途艰辛，但硕果累累。我国的改革开放从城市到农村、从东部到西部、从经济领域到其他各个领域早已全面铺开，并逐步深化，也使得中国社会发生了全方位的历史性转变。"改革开放是党和人民大踏步赶上时代的重要法宝，是坚持和发展中国特色社会主义的必由之路，是决定当代中国命运的关键一招，也是决定实现'两个一百年'奋斗目标、实现中华民族伟大复兴的关键一招"[①]。

从调查数据的分析结果，我们可以看出：学生们掌握了基本的"四史"知识，具备了一定的马克思主义理论素养。这有利于学生增进对马克思主义理论科学性、共产主义运动历史性、中国革命道路选择必然性、中国特色社会主义道路探索艰巨性等一系列重大理论和现实问题的理解，也有助于深化对共产党执政规律、社会主义建设规律、人类社会发展规律的认识，这为学生树立坚定的理想信念打下了知识基础和情感基础。

四、具有良好的道德品质

表3-9　问卷第3题回答情况

题　目	选　项	小计	比　例
3. 有人认为，现在我们国家经济发展了，人民生活水平提高了，再讲艰苦奋斗的精神已经过时了。你是否赞同这一观点？（　　）（单选题）	A. 非常赞同	727	21.1%
	B. 赞同	169	4.9%
	C. 不赞同	2552	74.0%
	本题有效填写人次	3448	

在回答问卷第3题时，有74.0%的中学生在调查中认为在物质条件比较充裕的今天，应该大力提倡艰苦奋斗精神，但也有4.9%的中学生选择赞同这一观点，还有21.1%的同学非常赞同。

调查数据结果反映出，大部分的中学生在物质生活比较富足的今天，能够注重发扬中华民族传统美德，不忘艰苦奋斗精神。

成长在新时代的中学生，他们获得吃穿住用行等一切物质来源都比较

---

① 习近平. 在庆祝改革开放40周年大会上的讲话［N］. 人民日报，2018-12-19（2）.

容易，以至于4.9%的同学赞同"今天不需要再发扬艰苦奋斗的精神"，还有21.1%的同学非常赞同"当今艰苦奋斗精神已过时"这一说法。从一定程度上反映出，这些中学生缺乏艰苦奋斗、吃苦耐劳的勇气和精神，经受的磨砺和考验不足，抗击挫折的能力有限。我们都知道在实现理想的道路上必然会遇到各种困难和挑战，需要我们心怀坚定的信念不断奋勇向前，更需要我们做好充分的思想准备迎接前进路上的阻碍，用顽强的意志、艰苦奋斗的品质助力我们披荆斩棘。

劳动教育无疑是培养中学生顽强意志、艰苦奋斗精神的必修课。习近平总书记在2018年全国教育大会发表重要讲话时强调："要在学生中弘扬劳动精神，教育引导学生崇尚劳动、尊重劳动，懂得劳动最光荣、劳动最崇高、劳动最伟大、劳动最美丽的道理，长大后能够辛勤劳动、诚实劳动、创造性劳动。"

劳动教育有利于促进德育、智育、体育、美育成果的互相转化，培养新时代全面发展的建设者和接班人，让学生在劳动教育中接受劳动的洗礼和磨砺，为坚定理想信念夯实品行修为基础。

学校可以在校园中营造劳动教育的环境，在全校形成"劳动最光荣"的良好氛围，在组织劳动技术课或劳动实践活动时，应当在认真研究学生个性和特长的基础上，针对不同学段的学生，开设有针对性的劳动教育课程，精心选择劳动教育的主题，细心设计劳动教育的内容。劳动教育形式应丰富多彩，可以融合家庭、学校、社会各项资源，采用志愿服务、通用技术、家务劳动、研学活动等形式；评价方式可以与学生综合素质评价系统相互衔接，建立更加有效的考核机制，有利于激发中学生参与劳动的积极性、主动性和创造性。让学生在做中学，在做中悟，在做中成长，培养为人民服务的精神、为国家奉献的格局，提升自身的品德修行，为坚定理想信念奠定坚实的品格基础。

"一粥一饭，当思来之不易；一丝一缕，恒念物力维艰。"艰苦奋斗精神是我们党在革命战争年代取得胜利的重要法宝，作为中华民族的优良传统美德，我们必须大力弘扬和继承。今天，在党的领导下我们的生活发生了翻天覆地的变化，但是我们必须认清形势，我国仍处于并将长期处于社会主义初级阶段，所以，我们不能忘记革命先烈在几十年的伟大斗争中创造出来的艰苦奋斗精神，如今虽然生活条件好了，但是依然要不攀比、不浪费，带着艰苦奋斗的精神不断迎接社会主义建设的新征程、取得新胜利。

一个人的理想信念与他所树立的价值观有着非常紧密的联系。理想信念是一个人的世界观、人生观和价值观在奋斗目标上的重要体现，是决定人民思想和行动的最根本因素。有了正确的价值观，就会有明确高尚的奋斗目标，就能保持坚强的斗志；如果价值观错误，人生就会迷失方向，误入歧途。树立坚定的理想信念，需要正确的价值观指引，中学生要自觉站在最广大人民的立场上，自觉遵循社会发展的客观规律，作出正确的价值判断和价值选择。中学生要能够分辨什么是对的，什么是错的，知道应该做什么，不应该做什么，时刻用正确的价值观指导自己，沿着正确的人生道路前进。

表 3-10　问卷第 19 题回答情况

题　目	选　项	小计	比　例
19. 某歌手在歌曲《青春恰时来》中唱道："2025 和 2035，我们奋斗，我们期待，活着就要活出精彩，这是属于我的舞台。"作为时代新人，你准备怎样用青春创造锦绣新时代？（　）（多选题）	A. 树立远大理想	3304	95.8%
	B. 热爱伟大祖国	3238	93.9%
	C. 担当时代责任	3217	93.3%
	D. 勇于砥砺奋斗	3141	91.1%
	E. 练就过硬本领	2917	84.6%
	F. 锤炼品德修为	3039	88.1%
	本题有效填写人次	3448	

在回答问卷第 19 题时，95.8% 的同学认为要"树立远大理想"，93.9% 的同学认为需要"热爱伟大祖国"，93.3% 的同学选择"担当时代责任"，91.1% 的同学选择"勇于砥砺奋斗"，还有 84.6% 的同学认为需要"练就过硬本领"，另外还有 88.1% 的同学认为需要"锤炼品德修为"。

从调查数据结果，我们可以看出，当前，绝大多数的中学生认为作为时代新人，树立远大理想、热爱伟大祖国、担当时代责任、勇于砥砺奋斗、练就过硬本领、锤炼品德修为这六个要素都十分重要，缺一不可，这是成为一个有着高尚品格和道德情操的人的重要因素。

五、具有自觉承担民族复兴大任的使命感和责任感

表 3-11　问卷第 2 题回答情况

题　目	选　项	小计	比　例
2. 你平时关注时政要闻吗？（　）（单选题）	A. 经常关注	2027	58.79%
	B. 偶尔关注	1372	39.79%
	C. 从不关注	49	1.42%
	本题有效填写人次	3448	

在回答问卷第 2 题时，58.79% 的同学选择"经常关注"，还有 39.79% 的同学选择"偶尔关注"，除此之外，也存在 1.42% 的中学生选择"从不关注"。

从调查数据可以看出，所谓"天下兴亡，匹夫有责"，个人的前途与国家的命运密不可分，因而关心国家大事是每个公民爱国意识的重要表现，是公民应该具备的品质。新时代的中学生，尤其是当代高中生，即将成为国家与社会的建设者，关心国家时事，是我们成长与成才的内在需要。未入社会而先知天下，可以为我们将来担负起国家建设重任打下良好的基础。我们应该时刻跟上时代的步伐，保持与社会的紧密联系，提高和增强自己的社会适应能力。不仅如此，关心时政要闻，也能够很好地促进

我们用心学好文化课知识。

作为新时代的中学生，学习时间较为紧迫，课业负担较重，能够在学习之余，做到关注时政真的很不容易，但也应做到家事国事天下事，事事关心，并在此基础上提高自己的政治敏感度和参与度，彰显新时代主人翁意识，努力为国家的发展进步建言献策。

表3-12　问卷第12题回答情况

题　目	选　项	小计	比　例
12. 北京师范大学毕业的硕士研究生黄文秀，放弃大城市的工作机会，选择回到边远贫穷的家乡支援建设。担任驻村书记期间，她为村民脱贫致富倾注了全部心血和汗水。在一次扶贫路上，她遭遇山洪，不幸遇难，把30岁的生命献给了扶贫事业。你认为黄文秀的牺牲（　　）（单选题）	A. 值得，她将宝贵的生命献给国家和人民，令人敬佩	3379	98%
	B. 不值得，年纪轻轻的名牌大学生就此错过了多少美好安逸的日子，真可惜	50	1.45%
	C. 不清楚	19	0.55%
	本题有效填写人次	3448	

在回答问卷第12题时，面对扶贫路上不幸遇难的年轻村干部，98%的同学认为黄文秀"将宝贵的生命献给国家和人民，令人敬佩"；同时，也有1.45%的中学生认为黄文秀的死"不值得，年纪轻轻的名牌大学生就此错过了多少美好安逸的日子，真可惜"；还有0.55%的同学不清楚、不了解黄文秀的事迹。

从这些调查数据我们可以得出结论：新时代绝大部分的中学生有着正确的世界观、人生观与价值观，有着较大的格局意识，小小的心灵也充满着大大的爱，在个人利益与国家利益发生冲突的时候，大多数的中学生能够做到自觉站在广大人民的立场上，在自觉遵循社会发展的客观规律基础上作出正确的价值判断与价值选择。

表3-13 问卷第14题回答情况

题 目	选 项	小计	比 例
14. 到21世纪中叶，我国将建成富强民主文明和谐美丽的社会主义现代化强国，实现中华民族伟大复兴的中国梦。你认为中国梦与个人梦的关系是（　　）（单选题）	A. 应该把个人梦融入中国梦的实现	3233	93.77%
	B. 中国梦实现了，个人梦就实现了	189	5.48%
	C. 个人梦实现了，中国梦就实现了	26	0.75%
	本题有效填写人次	3448	

在回答问卷第14题时，有占比93.77%的中学生立志要将个人梦融入中国梦的实现；还有5.48%的同学认为"中国梦实现了，个人梦就实现了"；有0.75%的中学生认为"个人梦实现了，中国梦就实现了"。

调查数据结果显示，新时代大多数中学生能够自觉把个人梦与中国梦的实现相融合。他们作为今天中国梦的见证者、参与者、实现者，正如习近平总书记所说："中国梦是我们的，更是你们青年一代的。中华民族伟大复兴终将在广大青年的接力奋斗中变为现实。"[1] 中学生能够正确处理好个人理想信念与中华民族理想信念的关系，能够正确处理个人梦与中国梦的关系，把握好中国梦和个人理想的内在联系，进一步坚定跟党走的信念，为早日实现中国梦而努力奋斗。作为新时代中学生，要艰苦奋斗、勇于创新，在活动中练就过硬本领、锤炼高尚品格，在学习中勇攀高峰、再创辉煌，增强当代青年的历史使命感，让青春在实现中国梦的伟大实践中焕发绚丽色彩。

总之，对以上问题的回答数据结果显示，新时代中学生身上有着较为强烈的社会责任感和使命感。

---

[1] 习近平. 在同各界优秀青年代表座谈时的讲话[N]. 人民日报, 2013-05-05(1).

六、思想政治（道德与法治）课成为学校中学生理想信念教育的主阵地

表 3-14　问卷第 15 题回答情况

题　目	选　项	小计	比　例
15. 你在学校接受的理想信念教育主要是在（　　）（单选题）	A. 思想政治（道德与法治）课堂上	2761	80.08%
	B. 班级和学校的其他德育活动中	630	18.27%
	C. 其他课程中	57	1.65%
	本题有效填写人次	3448	

在回答问卷第 15 题时，有高达 80.08% 的学生认为自己在学校接受的理想信念教育主要是在"思想政治（道德与法治）课堂上"，有 18.27% 的同学选择了"班级和学校的其他德育活动中"，还有 1.65% 的同学选择了"在其他课程中"。从调查结果我们总结出：当前，对中学生进行理想信念教育的途径主要是通过思想政治（道德与法治）课，思想政治（道德与法治）课已经成为中学生理想信念教育的主阵地。

作为发挥立德树人作用的思想政治（道德与法治）课程，有着不同于语文、数学、英语等其他课程的特点，它不仅重视学生对理论知识的学习，更重视对学生世界观、人生观和价值观的引领作用。因此在讲授教材内容时，教师不仅要重视教材中的政治理论、国家政策、哲学原理等，更要重视挖掘在政治理论背后所囊括的理想信念、政治认同、价值判断和价值选择，在传授知识的同时达到理想信念教育的目的。

思想政治（道德与法治）课的课程资源也不应只局限于教材内容，不应局限于学校课堂中，要坚持理论性与实践性相统一，把思政小课堂同社会大课堂结合起来，在面对现实社会中出现的一些与思政教材中不一致甚

至是歪曲的观点时,教师要善于挖掘观点背后所隐藏的各种原因,引导学生利用鲜活的案例驳斥错误言论,因为这恰好能够成为引发学生理想信念教育的生长点。教师应抓住时机,用好生活实践中生动丰富的案例,帮助学生解决心理上的理论混淆与价值混淆,让学生获得自我认知、自我感悟,进一步提升学生的政治认同和情感认同,促使核心素养真正落地,做到知行统一。作为思政课教师,要把中学生理想信念教育贯穿课堂教学始终,这关系着中学生的健康成长和国家民族的命运。

表3-15 问卷第16题回答情况

题 目	选 项	小计	比 例
16. 你认为思想政治(道德与法治)课对你坚定理想信念所起的作用(　　)(单选题)	A. 非常大	2764	80.16%
	B. 比较大	585	16.97%
	C. 不大	99	2.87%
	本题有效填写人次	3448	

在回答问卷第16题时,调查数据结果显示,中学生认为思想政治(道德与法治)课在其坚定理想信念中所起的作用"非常大"和"比较大"的学生比例分别为80.16%和16.97%,总共占比为97.13%。只有2.87%的同学认为思政课所起的作用"不大",这值得我们思政课教师反思,但从侧面也反映出近年来,通过多方的努力,思想政治(道德与法治)课在中学生理想信念教育中发挥着关键性作用。

2019年,习近平总书记在学校思想政治理论课教师座谈会上指出:"思想政治理论课是落实立德树人根本任务的关键课程。"

在思政课堂教学中,我们每一位思政课教师都要坚持做到八个"相统一",充分尊重学生的主体地位,将思政课课堂真正还给学生,使学生充分参与进来,同时,教师应重视学生已有的经验与感悟,使学生在感悟与体验、抽象与迁移、反思与升华中将知识内化于心,在触动学生心灵的同时达到坚定共产主义远大理想和中国特色社会主义共同理想的效果。

表3-16　问卷第17题回答情况

题　目	选　项	小计	比　例
17. 你认为"行走的思政课"对增强学生理想信念的效果（　　）（单选题）	A. 非常好	2890	83.8%
	B. 比较好	486	14.1%
	C. 收效甚微	72	2.1%
	本题有效填写人次	3448	

在回答问卷第17题时，有高达83.8%的中学生认为对增强理想信念的效果"非常好"，还有14.1%的中学生认为"比较好"，仅有2.1%的中学生认为"收效甚微"。在时代呼唤教育教学改革的今天，努力探寻生动而饱满、丰富而有趣的教学方式，是我们每一位思政课教师应该掌握的技能。思政课教师一定要下功夫打造优质"行走的思政课"，拉近思政课与学生实际生活的距离，着力强化其在提升中学生理想信念教育中的作用，不能让"行走的思政课"流于形式，只是行走，达不到思政的效果。

思政课本身是一门理论性、抽象性比较强的学科，如果思政课教学内容与中学生生活贴近度不够，中学生便缺少信服度与共鸣感。一些"高大上的道理"对于缺乏实践经验的学生来说确实比较枯燥、难懂，有些教学内容甚至看上去和学生的实际生活或社会现象相违背，让学生感觉现实与课本就像两张不同的皮，从而造成学生价值选择与价值判断的冲突和混乱。因此，怎样解释这种矛盾冲突，把现实中的社会问题分析透彻，让学生真正信服；怎样将教学内容贴近学生的现实生活，处理好大处着眼和小处着手的关系，是我们每一位思政课教师需要下功夫去解决的难题。

通过问卷调查，我们发现大部分学生认为"行走的思政课"这种课堂形式对理想信念教育的效果非常大，他们也很喜欢这样的思政课。因此，济南市思政课教师可以借助济南市"双贯通"思政课改革创新项目，用好全市建立的 100 个实践教学基地，选取适合本校学生特点、深受学生欢迎的实践基地，比如人民法院、革命战役纪念馆、博物馆、风景名胜区、高科技公司等，让学生带着思想政治理论知识走出课堂，走出学校，走进社会，真正实现思政课理论与社会实践的深入融合。

例如，在学习"中国共产党的领导是历史的选择和人民的选择"这一知识点时，在教室里教师讲述历史的故事、课本的理论，单靠这种教学形式，学生很难做到身临其境，感同身受。而带领学生到革命战役纪念馆中参观体验能让他们得到另一种感觉和体验。纪念馆里有一幅幅真实的老照片、一件件沾满鲜血的旧文物，还有革命烈士亲笔书写的豪言壮志，在这些物件所打造的情境中，教师向学生讲述革命先辈的英雄事迹，同时辅以思政课本的政治理论，学生才能够深刻感受到当年中国共产党人为了中国人民和中华民族前赴后继、英勇奋战的精神，就很容易理解思政课本中"没有共产党就没有新中国，中国共产党的领导是历史的选择和人民的选择"的政治理论。

通过让学生实地参与，教师循循善诱，把有意义的思政课上得有意思，把高大上的课上得接地气，既提高思政课的吸引力和感染力，增强思政课的现实感和亲和力，也让学生在"行走"的过程中产生强烈的情感共鸣、政治认同，从而自觉树立起坚定的理想信念。

当然，我们不能仅仅停留在"行走的思政课"这一种教学形式的创新上，思政课教师还应努力探索思政课教学形式的多样化、课堂活动的多元化，针对不同的教学内容采取多元化的教学方式，永远努力保持思政课堂的新鲜感、兴趣感，在生动的思政课堂中培养学生牢固的理想信念。

七、校园中各类教育资源有效助力中学生理想信念教育

在对问卷第 15 题"你在学校接受的理想信念教育主要是在（　　）"（见前文表 3-14）问题的回答结果中，我们可以看到 18.27% 的同学选择了"班级和学校的其他德育活动中",还有 1.65% 的同学选择在"其他课程中"。

习近平总书记在全国高校思想政治工作会议上强调,"要用好课堂教学这个主渠道","使各类课程与思想政治理论课同向同行,形成协同效应"。①"课程思政"这一理念的提出,对中学生理想信念教育构成了很多有利因素。课程思政力求让学校中所有学科的教学共同发挥育人功能,努力将思想政治教育与各门学科有机融合,达到春风化雨、润物无声的育人效果。

因此,在课程思政理念的引领下,学校应当让各学科教师充分研读教材和课程标准,挖掘各个学科中有关中学生理想信念教育的思政元素,丰富理想信念教育的课程资源,积极发掘知识点之间的关系、深度挖掘课程内容中的"立德树人"的德育要素,运用马克思主义的立场、观点和方法来发现问题、分析问题、解决问题,对学生潜移默化地开展思想引领。在课堂教学与实践活动中引导学生树立坚定的理想信念,力求达到更好的教育效果。

除此之外,学校不能将理想信念教育局限于思政课的教学中,应拓宽理想信念教育的途径,把理想信念教育渗透到学校其他的德育活动中,坚持校园纵向、横向一盘棋的全方位教育原则,充分利用并融合学校各项优势资源,不仅要让思政课教师动起来,而且要大力动员全体教师参与到中学生理想信念教育中来。党团组织开展的党团课学习、日常班主任工作中的班级管理、学生各项社团活动和其他各项学生活动,都可以成为加强中学生理想信念教育的有利途径。

---

① 把思想政治工作贯穿教育教学全过程 开创我国高等教育事业发展新局面 [N]. 人民日报, 2016-12-09.

第二节　新时代中学生理想信念教育存在的主要问题

通过调查问卷结果，我们可以看到，新时代中学生理想信念教育取得了可喜的成绩，但也存在一定问题，主要表现在以下几个方面。

一、有些教师不能准确把握理想信念教育的内容

（一）理想信念教育内容功利化

教师的不当引导会让学生错误理解人生理想的含义，认为理想就是长大做什么职业，分不清"理想"与"理想的职业"之间有着本质区别。还有的毕业班教师在鼓励学生时，总会喊出"今天自己不努力，明天被人踩脚底"的口号。在教师错误观念的引导下，某些学生只考虑了物质层面的享受，却忽略了精神上的追求。

随着我国经济的不断发展，人民的生活水平确实有了显著的提升，目前中学生在物质上能够获得的满足更多、更容易，这些客观原因造成了他们在主观上形成了错误的观点，缺乏艰苦奋斗精神和奉献精神。有的中学生比较看重物质上的享受，从而忽视了精神上的追求，在面对具体利益的选择上，往往会将个人利益得失放在第一位。理想信念最终还是要通过艰苦奋斗来践行和实现，艰苦奋斗的精神永不会过时，要想把青少年真正培养成为中国特色社会主义的接班人和民族复兴大任的担当者，必须重视对青少年艰苦奋斗意识的培养。

艰苦奋斗，是党团结和带领人民实现国家富强、民族振兴的强大精神力量。党的历代中央领导集体都十分重视继承和发扬艰苦奋斗的精神，并将其作为治党、治国、治军的一贯重要原则。在新的历史条件下，追寻党大力弘扬艰苦奋斗精神的思想发展轨迹，永远高扬艰苦奋斗的旗帜不动摇，对于全党、全社会自觉抵御各种腐朽思想侵蚀、保持党和国家政权永

不变质、全面推进社会主义现代化建设事业无疑具有十分重大的意义。历史证明，毛泽东同志所号召并倡导的艰苦奋斗精神，作为毛泽东思想的重要内容，对于激励全党、全国人民积极投身我国革命和建设事业有十分巨大的作用。

在改革开放和社会主义现代化建设新的背景条件下，邓小平同志再次强调大力弘扬艰苦奋斗精神的重要意义，进一步发展了毛泽东思想的有关内容，构成了邓小平理论的重要组成部分，并形成了自身的时代特色。党的十三届四中全会以来，以江泽民同志为核心的第三代中央领导集体，紧紧围绕建设中国特色社会主义的工作大局，正确分析新时期、新环境和面临的新情况、新任务，在全面继承马列主义、毛泽东思想、邓小平理论的基础上，创造性地发展了关于建设中国特色社会主义的基本理论内容，提出了"三个代表"重要思想，并在这一重要思想的指引下，进一步丰富和完善了对于在新时期继续保持和发扬艰苦奋斗精神的理论认识，作出了一系列科学判断和重要论述。胡锦涛同志指出，"历史和现实都表明，一个没有艰苦奋斗精神作支撑的民族，是难以自立自强的；一个没有艰苦奋斗精神作支撑的国家，是难以发展进步的；一个没有艰苦奋斗精神作支撑的政党，是难以兴旺发达的"，"越是改革开放和发展社会主义市场经济，越要弘扬艰苦奋斗的精神。即使将来我们的国家发达了，人民的生活富裕了，艰苦奋斗的精神也不能丢"[1]。

新时代，习近平总书记强调，在实现中华民族伟大复兴的新征程上，必然会有艰巨繁重的任务，必然会有艰难险阻甚至惊涛骇浪，特别需要我们发扬艰苦奋斗的精神。2019年4月30日，习近平总书记在纪念五四运动100周年大会上指出："今天，我们的生活条件好了，但奋斗精神一点

---

[1] 胡锦涛. 坚持发扬艰苦奋斗的优良作风，努力实现全面建设小康社会的宏伟目标[M]//中共中央文献研究室. 十六大以来重要文献选编. 北京：中央文献出版社，2011.

都不能少，中国青年永久奋斗的好传统一点都不能丢。在实现中华民族伟大复兴的新征程上，必然会有艰巨繁重的任务，必然会有艰难险阻甚至惊涛骇浪，特别需要我们发扬艰苦奋斗精神。奋斗不只是响亮的口号，而是要在做好每一件小事、完成每一项任务、履行每一项职责中见精神。奋斗的道路不会一帆风顺，往往荆棘丛生、充满坎坷。强者，总是从挫折中不断奋起、永不气馁。"

今天，中学生自身的品德修行有待进一步提升，我们教师对学生进行理想信念教育的内容也要进一步完善，要使学生充分认识到：实现美好理想，离不开艰苦奋斗。过去的辉煌成就是靠艰苦奋斗取得的，更加美好的明天仍须发扬艰苦奋斗精神来创造。当前，中华民族伟大复兴展现出前所未有的光明前景。越是接近民族复兴越不会一帆风顺，越是充满风险挑战乃至惊涛骇浪。在实现伟大梦想的征途中，我们要主动接过先辈艰苦奋斗的接力棒，传承勤俭节约、白手起家的传统美德，坚守不怕牺牲、甘于奉献的无私品格，永葆不畏艰险、锐意进取的奋斗韧劲。正如习近平总书记所说："功崇惟志，业广惟勤。"我国仍处于并将长期处于社会主义初级阶段，实现中国梦，创造全体人民更加美好的生活，任重而道远，需要我们每一个人继续付出辛勤劳动和艰苦努力。

(二) 理想信念教育内容不完整

"四史"教育是新时代对中学生进行理想信念教育的重要部分。"四史"教育是党史、新中国史、改革开放史和社会主义发展史教育的统称。"四史"内容各有侧重，但整体讲就是中国共产党为人民谋幸福、为民族谋复兴、为世界谋大同的实践史，中国共产党的领导是"四史"的主线。在中国共产党成立100周年之际，中共中央办公厅印发了《关于在全社会开展党史、新中国史、改革开放史、社会主义发展史宣传教育的通知》，对开展"四史"宣传教育作出部署，引导广大人民群众深刻认识党为国家和民族作出的伟大贡献，深刻感悟党始终不渝为人民的初心宗旨，学习党推进马克思主义中国化形成的重大理论成果，传承党在长期奋斗中铸就的伟大精神。在调查问卷中，有三个题涉及"四史"教育内容，但问卷结果反映出中学生的理想信念教育仍然存在一些问题。

第一，对中共党史缺少必要认识。

调查问卷的第6—7题（如前文表3-6、表3-7所示）这两道题都涉及中共党史。从调查结果来看：5.13%的同学不知晓中国共产党成立的时间和标志性事件，还有32.63%的同学不清楚革命烈士方志敏的事迹。这一组调查数据说明：部分中学生对中共党史的学习不够深入，理论上缺乏认知、情感上认同缺失，势必会导致行动上主动性和自觉性的缺失，从而影响理想信念的牢固树立。

中共党史是中国共产党从成立以来整个发展过程的全部历史，主要包括中国共产党历次代表大会的情况、党章的不断完善过程、党在各个不同时期的组织建设和发展状况、党领导全国各族人民进行革命和建设的发展历程和全部史实的记载。党的历史经过了几十年的风风雨雨，在中国共产党的领导下，中华民族迎来了从站起来、富起来到强起来的伟大飞跃。学习中共党史，了解中国共产党的基本知识，是学校思想政治和德育工作中的一项重要内容。中学生要了解中国共产党的历史，明确中国共产党的奋斗目标，树立起在中国共产党的领导下建设社会主义祖国的坚定信念。

在新时代，对中学生进行党史教育具有重要的意义。

首先，学习党史能够使中学生坚定自己的政治信仰。学习党史是中学生了解历史知识、学习光荣传统和优良作风的重要途径。学习革命先辈的英雄事迹，有助于青少年从小培养热爱党、热爱社会主义的感情。通过学习党史，中学生能了解党的光荣历史，知道历史和人民是怎样选择了中国共产党、选择了社会主义道路。

其次，学习党史有助于广大中学生传承党的精神和文化。在每一个时代，党都有着相应的历史任务，但是党"为中国人民谋幸福、为中华民族谋复兴"的这一初心和使命没有改变。而对广大中学生进行党史教育，能够让他们在党史的学习中，树立起为人民服务、为实现中华民族伟大复兴中国梦而奋斗的志向，还能够自觉弘扬党的优良传统。我们党自成立至今，经历了100多年的风风雨雨，而在这100多年的发展过程中，党积累了许多优良的传统作风，这些优良的传统是党克服一切困难的基础，是党的传家宝。中学生通过学习党史，能感受到党为民族、为人民所建立起的丰功伟绩和党的伟大贡献，有助于增强对党的情感认同；通过学习党史，能感受到党领导中国人民奋斗的艰辛，从而树立起正确的世界观、人生观、价值观，永远保持艰苦奋斗的精神。

最后，学习党史有助于提升民族凝聚力。中学生学习党史，有助于深刻认识中国共产党，自觉拥护中国共产党的领导，坚持以人民为中心的发展理念，增强国家统一、民族团结意识，对于凝聚民族力量、维护国家长治久安有着深层次的意义。

第二，对改革开放史缺少必要认识。

调查问卷第8题（如前文表3-8所示）涉及改革开放史。改革开放史不仅在思想政治（道德与法治）课中有所涉及，而且在历史课中也有涉及，因此从理论上来说，这个问题应该是非常基础的问题。但调查问卷显示，仍然有11.11%的学生不知道我国作出实行改革开放重大决策的会议是哪一次会议，这说明有些学生对国家改革开放的伟大历史进程缺乏了解与深入思考。

改革开放史是中国共产党推进社会主义制度自我完善和发展的实践史，改革开放是中国共产党带领人民开启的一次伟大革命，实质是社会主义制度的自我完善和发展，目的是在新的历史条件下为中国人民谋幸福、为中华民族谋复兴。

习近平总书记在多个重要场合强调两个"三中全会"是划时代的：在改革开放 40 多年历程中，党的十一届三中全会是划时代的，开启了改革开放和社会主义现代化建设历史新时期；党的十八届三中全会也是划时代的，开启了全面深化改革、系统整体设计推进改革的新时代，开创了我国改革开放的全新局面。① 习近平总书记关于两次"划时代"的三中全会的论述言简意赅、意味深长，具有十分重要的理论意义和实践意义。认真学习、深刻领悟这两次三中全会的"划时代"意义，是我们当前在"四史"学习过程中，学好改革开放史的重要内容，对于我们全面系统把握改革开放的发展进程和历史轨迹，有着重要的启示意义。十一届三中全会开启了改革开放和社会主义现代化建设历史新时期。这是一场新的革命，邓小平同志表述为"改革是中国的第二次革命"。从那时起，党领导全国各族人民以一往无前的进取精神和波澜壮阔的创新实践，谱写了中华民族自强不息、顽强奋进的新的壮丽史诗。

习近平总书记在庆祝改革开放 40 周年大会上强调："40 年的实践充分证明，党的十一届三中全会以来我们党团结带领全国各族人民开辟的中国特色社会主义道路、理论、制度、文化是完全正确的，形成的党的基本理论、基本路线、基本方略是完全正确的。40 年的实践充分证明，中国发展为广大发展中国家走向现代化提供了成功经验、展现了光明前景，是促进世界和平与发展的强大力量，是中华民族对人类文明进步作出的重大贡献。40 年的实践充分证明，改革开放是党和人民大踏步赶上时代的重要法宝，是坚持和发展中国特色社会主义的必由之路，是决定当代中国命运的关键一招，也是决定实现'两个一百年'奋斗目标、实现中华民族伟大复

---

① 习近平.关于《中共中央关于坚持和完善中国特色社会主义制度 推进国家治理体系和治理能力现代化若干重大问题的决定》的说明［N］.人民日报，2019-11-06.

兴的关键一招。"因此，学习改革开放史，有利于中学生形成坚定的理想信念，树立正确的世界观、人生观、价值观，自觉加强知史爱党、知史爱国的思想自觉和行动。

第三，对新中国史缺少必要认识。

调查问卷第9题（如前文表3-2所示）涉及新中国史。中华人民共和国70多年的历史，就是中国共产党团结带领全国各族人民进行革命、建设和改革并取得巨大成就的历史。新中国的历史恢宏壮丽、内容丰富，既有胜利和辉煌，也有失误和曲折。从主题主线、主流本质看，新中国史就是一部矢志践行初心使命，为中国人民谋幸福、为中华民族谋复兴的历史。简言之，新中国史是中华民族从站起来、富起来到强起来的历史。历史是最好的教科书。学习新中国史，是坚持和发展中国特色社会主义、把党和国家各项事业继续推向前进的必修课，是从中汲取无穷智慧和力量、在新时代新发展阶段创造新的历史伟业的必然要求。这门功课不仅必修，而且必须修好。

对中学生进行新中国史的教育，有利于提升中学生的精神境界。人无精神则不立，国无精神则不强。新中国成立以来，我们党团结带领中国人民艰苦创业、不懈奋斗、开拓创新，创造了改天换地的人间奇迹，涌现出一大批视死如归的革命烈士、一大批顽强奋斗的英雄人物、一大批忘我奉献的先进模范，形成了一系列伟大精神，构筑起了中国共产党人赓续不断、永葆生机活力的精神谱系。

对中学生进行新中国史的教育，有利于中学生树立正确的国史观，准确把握新中国史的主题主线、主流本质，正确认识和科学评价其中的重大事件、重要会议、重要人物；有利于中学生实事求是看待新中国史上的一些重大问题，澄清对新中国史上一些重大历史问题的模糊认识和片面理解，更好地正本清源、固本培元。

对中学生进行新中国史的教育，有利于培养中学生的全局意识，学习贯彻习近平新时代中国特色社会主义思想，进一步坚定历史自信、增强历史自觉；有利于中学生学会用实践的观点、历史的观点、辩证的观点、发展的观点，分清本质和现象、主流和支流，既看到存在的问题又看到其发展趋势，既看到局部又看到全局。

在新时代，对中学生进行党史、新中国史、改革开放史、社会主义发展史教育，有利于培养中学生的爱国主义、集体主义、社会主义意识，引导中学生树立正确的历史观、民族观、国家观、文化观，进一步统一思想、统一意志、统一行动，更加紧密地团结在以习近平同志为核心的党中央周围，以昂扬姿态奋力开启全面建设社会主义现代化国家新征程。

调查问卷第5题（如前文表3-5所示）考查中学生对国歌歌词的记忆，竟然有8.9%的学生记错歌词，这体现出对学生进行的国歌教育还有提升空间。2017年9月1日下午，《中华人民共和国国歌法》获十二届全国人大常委会第二十九次会议表决通过，于2017年10月1日起施行。《中华人民共和国国歌法》是为了通过国家立法对国歌的奏唱场合、奏唱礼仪和宣传教育进行规范而制定的法规。《中华人民共和国国歌法》第十一条规定："国歌纳入中小学教育。中小学应当将国歌作为爱国主义教育的重要内容，组织学生学唱国歌，教育学生了解国歌的历史和精神内涵、遵守国歌奏唱礼仪。"[①]

我们的国歌《义勇军进行曲》，是由田汉作词、聂耳作曲，是电影《风云儿女》的主题歌，被称为中华民族解放的号角，自1935年在民族危亡的关头诞生以来，对激励中国人民的爱国主义精神起了巨大的作用，后成为中华人民共和国国歌。2004年3月14日，第十届全国人民代表大会第二次会议通过《中华人民共和国宪法修正案》，正式将《义勇军进行

---

① 中华人民共和国国歌法[M]. 北京：中国民主法制出版社，2017.

曲》作为国歌写入《中华人民共和国宪法》。《义勇军进行曲》以其高昂激越、铿锵有力的旋律和鼓舞人心的歌词,表达了中国人民对帝国主义侵略的强烈愤恨和反抗精神,体现了伟大的中华民族在外侮面前勇敢、坚强、团结一心共赴国难的英雄气概。

学习本国历史,是培养爱国主义和弘扬民族精神的基础。爱国主义是一种认同感,是对本民族历史文化的认同,离开这些认同就谈不上爱国主义和民族精神。教育评价是达成教育目标的重要手段,也是教学过程的重要一环,具有指挥导向、反馈调节、激励反思、成长记录的作用。纸笔测试虽然被认为是最公正客观的一种评价方式,但是忽视了评价的持续性和学生的成长过程以及个体差异。新课程改革虽然要求改变单一性的纸笔测验方式,但受传统评价观念和功利化思潮的影响,一些学校和教师仍然片面追求升学率,思政教育课堂仍旧没有改变应试教育的底色,把教学评价等同于升学考试,把考试分数作为教育教学的唯一指挥棒,从根本上颠倒了评价和教学的关系,给中学德育尤其是思政课的教育造成了种种问题:教师对学生的评价过分注重甄别选拔,课堂上也多以提升学生答题思维和答题技巧的训练为主,忽视了学生在学习过程中的学习态度、道德表现和行为践行状况,只重分数的高低,不能做到全面客观地评价学生。一个在道德与法治考试中得到高分的学生却不一定在平时的生活中也品德高尚。

因此,伴随着经济发展成长起来的青少年,没有经历过苦难和贫穷,在各种外来文化的冲击下,如果漠视国情教育现状,采用单一的评价方式,有可能会造就一批"两耳不闻窗外事,一心只读圣贤书",没有民族自信心和历史责任感、缺乏爱国情感的学生。

引导学生热爱祖国,是每个国家国民教育中必有的内容。国歌中居安思危的精神,不仅过去需要,现在需要,将来也需要,我们永远都不能抛弃这样的精神,这是民族凝聚力的体现。我们不能把必要的形式和形式主义混为一谈，国歌、国旗是民族凝聚力的重要元素，爱国是通过各种细节来体现的，其中包括对国旗的尊重、对国歌的了解、对国家的认同等。因此，在学校教育中，要强化思政课堂的主渠道作用，营造国歌教育的氛围，抓住特殊教育时机，激发学生深层次的爱国情感，对学生进行理想信念教育。

二、有些学校理想信念教育途径过于狭窄

教育途径是指教育者对受教育者施加教育影响所经渠道的总称。学校教育的途径主要有教学活动、课外活动、社会活动、劳动活动、学生群体活动、学生日常生活（包括宿舍）活动等。每一个较大的教育途径又可分为若干小途径。如教学活动分为上课、辅导、参观、课后（家庭）作业等。德育、智育、体育、美育、劳动技术教育的途径错综复杂，既有共同的途径，如均须通过教学和课外活动来实现，又有各自的特殊途径，如德育的班主任工作和团队工作，体育的早操、课间操、运动会等。教育途径虽有主与次、一般与特殊之分，但每一个被实践肯定的途径都有其特点和功能。

调查问卷的第15题（如前文表3-14所示），体现了对中学生进行理想信念教育的途径比较狭窄，学科资源欠整合。一方面，中学思政课在学科课程内容方面就融合了道德、法律、国情、科学社会主义、经济学、政治学、哲学、文化等内容，在课程的外延上，又与心理、语文、历史、地理等课程联系紧密。这不仅要求教师具备良好的专业素养，更要有跨学科综合的能力。当前理想信念教育的场所主要是学校，然而在平时的教学中，各科教师只注重对知识点的讲授而忽视了对理想信念的传递，很多教师一提到"理想信念教育"，便狭隘地认为这就是思政课教师的任务，和其他课程的教师没有太大关系。其实不然，理想信念教育渗透在生活中，除了思政课堂，其他各门课程都可以进行渗透。在教育部组织编写、人民教育出版社出版的思政课教材中，就出现了大量的文言文、古诗词，这就对思政课教师的传统文化素养提出了更高的要求。然而，由于很多地方受教育条件的限制，思政课教师的文学素养不高，课堂活动仅仅着眼于教科书中的学科课程内部知识，学生接受的是一个封闭的学科课程体系，难以与其他学科课程联系起来、融会贯通。

另一方面，学校的其他德育工作和思政课教学也可以进行融合。而且除了学校教育，良好的家庭教育也可以帮助学生树立崇高理想。然而在现实生活中，很多家长忽视了理想信念教育的重要性，片面认为只要成绩提上去，分数考高点就行；即使有少数家长认同理想信念教育，也缺乏科学的方法指导，孩子的理想教育也只是停留在"求职选择"的预设而已。

三、有些学校和教师开展理想信念教育的方法比较单一

思政课是学校进行理想信念教育的主渠道。思政课上不只有理论知识，还包括学生对自己、对他人、对社会、对国家、对世界的认识和了解，反映着学生精神深处的世界。在应试教育思想的影响下，部分教师的教学仍然只注重知识目标的落实，注重理论知识的灌输，缺少关键能力的培养、必备品格的塑造和正确价值观的引导；将中学思政课的教学过程简单归结为封闭、单一的知识灌输与被动接受过程，忽视了学生的主观能动性和自主选择性；忽略了在学科课程教学过程中师生之间、生生之间的交流互动关系及其所依赖的生动新鲜的生活世界，致使教学内容教条化，把教育文本以"固定知识"的形式灌输给学生，学生很难从自己的认知图式中找到与这些教育内容相关的结合点，缺乏情感需要的对接，也就无法内化为信念；有些教师更多地关注学生的学习成绩，而忽视了学生品德素养的发展；等等。

对中学生进行理想信念教育，第一要采取更加灵活的教学策略，多给学生举手发言、提问质疑、辩论探讨的机会，营造友善平等的学习氛围；

第二要选取生动活泼的教学形式，利用声、光、电、音、影等多媒体资源，激发中学生对理想信念的学习兴趣，加深对理想信念的思考，促进师生、生生之间的互动；第三要转变学习方式，变被动学习为主动学习，变接受式学习为探究式学习；第四要广泛开发利用有关理想信念教育的课程资源，不仅包括网络多媒体资源，更要挖掘学生本身的资源，教师身边的资源，以充分调动学生学习理想信念的积极性，鼓励学生进行理想信念的自我反思、自我教育。

表3-17　问卷第18题回答情况

题　目	选　项	小计	比　例
18. 你认为当前学校思想政治（道德与法治）课教学中存在的问题是（　　）（多选题）	A. 理论脱离实际	1114	32.31%
	B. 单纯的理论灌输	2061	59.77%
	C. 画书背书	2278	66.07%
	本题有效填写人次	3448	

调查问卷第18题（如表3-17所示）让学生选择当前学校思想政治（道德与法治）课教学中存在的问题，我们通过学生的回答情况可以发现，当前中学思政课存在几个突出问题，分别是画书背书、单纯的理论灌输、理论脱离实际。归结起来，体现为以下几点：

首先，对中学生进行理想信念教育的实践活动不充分。思政课是落实立德树人根本任务的关键课程，课程的性质决定了思政课的教育教学效果不可能只通过课堂来实现。正所谓"教学有界，课程无限；活动有界，内涵无限"。尽管很多中学思政教师在课堂教学过程中会结合大量的生活案例，使学生对社会生活有一定的认识，但这种认识有时还是比较肤浅的，是浮于表面、流于形式的。在对中学生进行理想信念教育的过程中，教师在课上很难将实践活动开展充分。在应试教育思想影响下，有些教师干脆省掉了实践活动，致使中学生的理想信念教育本末倒置。要想让"德育回归生活",只有通过大量的社会实践活动,给学生创造更多接触社会、了解社会、思考社会的机会,才能使他们真正感受到时代和社会发展的气息,与时俱进,增强自己的责任感、使命感,提高自己服务社会的能力,做一名合格的现代公民。

其次,对中学生进行理想信念教育的思辨启发不深刻。在新课改理念的指引下,很多上公开课、示范课的教师设计了丰富多彩的教学活动,游戏、小品、话剧等活动形式几乎成为标配,以调动学生学习的积极性和主动性。但很大程度上,这些活动往往是教师的"一厢情愿",一切都沿着教师预先设计好的路线方案推进,学生成为配合教师活动的工具,"为了活动而活动"的现象十分严重,整堂课的表演色彩过于浓重,教师和学生成为演员,课堂看起来十分热闹精彩,教师蜻蜓点水式的问题引导难以启发学生的深度思考,教师缺少对深层次问题的挖掘剖析,这种"为活动而活动"的设计看似坚持了学生的主体地位,其实质依旧是以教师为中心的另一种形式的知识"灌输"和"填鸭",教师的主导作用没有体现在点燃学生的智慧之火上,而是仅仅把自己照得更亮。这样的活动使学生既没有"愤",也没有"悱",情感上没有共鸣,思维上没有矛盾碰撞,学生只"知其然",不"知其所以然",只是看似"懂"了,却不是真正的"信"了。

最后,对中学生进行理想信念教育的正面引导力度不够。"信息大爆炸"和"人人都有麦克风"的时代,给教师备课提供了海量的信息资源,而学生生活于网络时代,也直接暴露在浩如烟海的信息大潮中。当各种负面事件涌向学生,那些缺少基本分析判断能力的学生就很容易淹没在信息大潮中,被各种舆情言论左右。在进行理想信念教育的过程中,个别教师不能够甄别筛选,在课堂中使用了大量的负面事件,又没有跟上正面的引导,容易导致学生偏激地看待问题、看待社会,难以形成正确的人生观、世界观、价值观，也难以养成良好的思维习惯，进而影响健康向上人格的养成。

四、有些中学生的政治学科核心素养有待提升

中学生作为有思维、有意识的个体，不是被动接受知识的容器，他们同样具有能动性、自主性、创造性。只有理性加上感性，才能实现自我的全面发展。

《普通高中思想政治课程标准（2017年版2020年修订）》凝练了政治学科的核心素养："学科核心素养是学科育人价值的集中体现，是学生通过学科学习而逐步形成的正确价值观、必备品格和关键能力。思想政治学科核心素养，主要包括政治认同、科学精神、法治意识和公共参与。"

通过调查问卷的第2题回答情况（如前文表3-11所示），我们可以看出部分学生的政治核心素养有待提高。本题涉及政治核心素养中的"公共参与"，有39.79%的学生只是偶尔关注时政，有1.42%的学生从不关注，说明将近一半的学生对时政关注度较低，也就是公民的公共参与素养较差。公共参与是指有序参与公共事务、勇于承担社会责任、积极行使人民当家作主的政治权利。广泛的公共参与彰显人民主体地位，是公民行使知情权、参与权、表达权、监督权的表现，有助于更好地表达民意、集中民智，提高国家立法和政府决策的科学性、民主性；有助于鼓励人们热心公益活动，激发社会活力，提高社会治理水平。培养青少年公共参与素养，有益于他们了解民主管理的程序、体验民主决策的价值、感受民主监督的作用，增强公德意识和参与能力。

学生对时政的关注度低，对他们的成长发展是非常不利的。首先，对学生进行时事政策教育是顺应新课程改革的要求。理论联系实际是思政课教学的重要原则，也是思政课教学的特定要求和重要特点。时事政策教育贴近时代、贴近生活，具有较强的现实性和真实性，以其内容的丰富性、新颖性及变动性，弥补教材的不足。其次，时事政策教育是激发学生学习兴趣的有效途径。要培养学生的兴趣，就要不断地丰富教材内容，了解学生的新鲜感和好奇心。我国社会主义现代化建设和改革开放中的新材料、新成就、社会热点问题，贴近生活实际，学生关注度高，这些材料具体、生动、形象，时代感强。教学中适当运用这些素材作为教学情境，可以激发学生学习的兴趣，活跃课堂气氛，增强教学的感染力。最后，时事政策教育有助于提高学生的思想政治素质，充分发挥政治课的育人功能。中学阶段是一个人积累知识的重要阶段，也是正确的世界观、人生观、价值观形成的关键时期。时事政策教育具有很强的政治性、原则性。对于当前党和国家的大政方针、重大理论问题和改革措施，教师要在教学中积极做好宣传和阐释工作，维护时事政治的严肃性、革命性和权威性，必须坚持"讲政治"的原则，把握政治方向，严明政治纪律，表明政治态度，不断提高政治判断力、政治领悟力、政治执行力。

当今世界是开放的世界，任何国家都不可能离开世界而单独存在和发展，国际社会的竞争与合作对每个国家都会产生巨大的影响，了解时事政治必不可少；关心国家的前途和命运，关注我国在国际社会中的地位和作用，维护我国的国家利益，是每一个中国公民的责任与义务；关注社会热点问题还有助于我们掌握马克思主义的基本立场、观点、方法，提高分析和解决问题的能力；关注时事政治有助于我们增强公民意识，树立社会主义民主法治、自由平等、公平正义的理念，帮助我们提高自身政治素质，提高政治参与能力。

调查问卷第14题（如前文表3-13所示）考查学生对中国梦的理解。实现中华民族伟大复兴，是近代以来中国人民最伟大的梦想，我们称之为中国梦，其基本内涵是实现国家富强、民族振兴、人民幸福。中国梦是中华民族伟大复兴的形象表达，中华民族伟大复兴是中国梦的核心内容。中国梦既是国家梦、民族梦，也是人民梦、个人梦，因而是个人梦与国家梦、民族梦的统一。一方面，每个中国人的共同梦想，就是国家富强梦、民族振兴梦；另一方面，每个中国人都各自有梦，就是人生梦想，就是人民幸福梦、个人成功梦。中国梦把个人与国家、与民族、与社会等都统一起来了，而不是单一的个人梦或国家梦。中国梦是国家富强梦，也是人民幸福梦；是民族和国家的梦，也是每个中国人的梦。因此，要努力实现中国梦，就要为实现各自人生梦想和我们的共同梦想而奋斗。

调查结果显示，有6.23%的学生对于中国梦的理解不够准确，体现出某些学生缺乏政治认同这一核心素养。《普通高中思想政治课程标准（2017年版2020年修订）》对"政治认同"进行了界定："我国公民的政治认同，就是拥护中国共产党的领导，坚持和发展中国特色社会主义，认同中华人民共和国、中华民族、中华文化，弘扬和践行社会主义核心价值观。中国特色社会主义是改革开放以来中国共产党的全部理论和实践的主题，是党和人民历尽千辛万苦、付出巨大代价取得的根本成就。社会主义核心价值观是当代中国精神的集中体现，凝结着全体人民共同的价值追求。认同中国特色社会主义和社会主义核心价值观，才能形成全国各族人民团结奋斗的共同思想基础，坚持中国道路、弘扬中国精神、凝聚中国力量，为实现中华民族伟大复兴的中国梦而奋斗。青少年的政治认同是他们创造幸福生活的精神支柱、价值追求和道德准则；发展政治认同素养，才能牢固树立中国特色社会主义理想信念，厚植爱国主义情怀，成为社会主义合格建设者和可靠接班人。"

对于中学生政治认同素养的调查，还有第10题（如前文表3-3所示），在回答"2020年，在全球经济低迷的情况下，中国在世界主要经济体中率先实现经济正增长，对此你认为（　　）"这一问题时，9.28%的学生居然认为中国已经进入发达国家行列，对我国的基本国情缺乏认知；

还有4.87%的学生认为中国经济只是一种暂时的增长，对中国经济能够实现长远发展缺乏信心，这说明部分学生对中国特色社会主义虽有一定的认同，但缺乏十足的自信。

中国特色社会主义道路自信，即对中国特色社会主义道路的自我肯定和认同，主要体现在对道路的选择及发展历史过程的深刻把握，对道路发展现状的科学认识和对道路发展前途的坚定信念上。习近平总书记指出："历史和现实都告诉我们，青年一代有理想、有担当，国家就有前途，民族就有希望，实现中华民族伟大复兴就有源源不断的强大力量。"① 当今经济全球化和政治多极化趋势不断加强，中学生作为祖国的年轻一代，应当对国家的发展状况具有理性的认知，对国际国内的发展大势时刻保持清醒的头脑，对祖国的发展前途充满信心。

道路自信是无数中华儿女对祖国的发展具有认同感和归属感的重要体现，同时也是实现中华民族伟大复兴的中国梦的必然要求。《普通高中思想政治课程标准（2017年版2020年修订）》在阐述课程目标时明确提出，"具有政治认同素养的学生，应能够：认同走中国特色社会主义道路是历史的必然，坚信中国特色社会主义是国家富强、民族振兴、人民幸福的根本保障，坚定中国特色社会主义道路自信、理论自信、制度自信和文化自信"。所以思想政治课教学中应当加强学生道路自信的教育，培育学生政治认同素养。

通过学生对第10题的回答情况，我们可以发现，由于课堂教学内容不够丰富以及受某些社会问题的负面影响，部分学生对中国特色社会主义道路没有产生强烈的认同感。中国的发展道路不仅是党带领中国人民历经艰难险阻共同开辟的，也是中华民族集体智慧的结晶。我国从新中国成立时的百废待兴到今天取得举世瞩目的成就，是坚持中国共产党的领导和实

---

① 习近平给华中农业大学"本禹志愿服务队"回信［N］. 人民日报，2013-12-06.

行改革开放的结果。伴随着改革开放的春风，我国的经济社会发展发生了巨大的变化，但同时也不可避免地出现了一些社会问题。党和国家积极应对，不断深化改革、扩大开放。坚定对中国特色社会主义的道路自信、理论自信、制度自信、文化自信对新时代中学生坚定理想信念、增强政治认同有着十分重要的作用。信心的缺失必然会导致中学生理想信念的不牢固，甚至是缺失。教师应当增强自身理论素养，引导中学生牢固坚定"四个自信"，牢固树立共产主义的远大理想和坚定中国特色社会主义信念。

第三节　新时代中学生理想信念教育的特点

一、基础性

《义务教育道德与法治课程标准》（2022年版）课程目标明确规定："思政课是落实立德树人根本任务的关键课程，道德与法治课程是义务教育阶段的思政课，旨在提升学生的思想政治素质、道德修养、法治素养和人格修养等，增强学生做中国人的志气、骨气、底气，为培养以实现中华民族伟大复兴为己任的有理想、有本领、有担当的时代新人打下牢固的思想根基。课程具有政治性，思想性和综合性、实践性。"

《普通高中思想政治课程标准》（2017年版2020年修订）课程目标中也有明确规定："高中思想政治课程是落实立德树人根本任务的关键课程，以培育社会主义核心价值观为目的，是帮助学生确立正确的政治方向、提高思想政治学科核心素养、增强社会理解和参与能力的综合性、活动型学科课程。"

习近平总书记指出，"对我们党的理想信念，不要语焉不详，不要吞吞吐吐，而是要旗帜鲜明、理直气壮讲"；"理想信念是共产党人精神上的'钙'，共产党人如果没有理想信念，精神上就会'缺钙'，就会得'软骨病'，必然导致政治上变质、经济上贪婪、道德上堕落、生活上腐化"①。这是习近平总书记对共产党员的要求，对中学生理想信念教育也具有重要的指导作用。中学生理想信念教育，是思政课核心素养的重要内容，对促进中学生全面发展和终身发展具有基础性作用。

第一，理想信念教育有利于学生培养良好品质，提升自我修养，树立正确的世界观、人生观、价值观。中学生身心成长有自身的特殊性，与小学生相比，他们的身高、体重有了较明显的变化，心理上有着对自主的强烈要求，但同时又要依赖成人；他们的大脑机能有了显著的发展，能认识了解一些比较深刻的理论知识，同时看问题又很肤浅、局限于表面；他们情感丰富又多变，做事容易冲动，有时不能完全控制自己的情绪，社会情感（如爱国主义、集体主义等）已初步形成，此外，理智感（如责任感、义务感）和美感都有所发展；经历了小学阶段的学校教育，他们已经有了对理想信念的初步认知，但这种认知还比较薄弱，有的甚至对理想信念的理解存在偏差，尚未形成稳定系统全面正确的理想信念。另外，中学生时常受升学考试压力、人际交往障碍和家庭经济贫困等多重因素影响，产生心理压力，严重的还会产生各种心理问题、导致思想偏激。对中学生进行理想信念教育，可以深化他们对理想信念的认知，培养他们积极健康的情感，提高道德修养，提升追求至真至善至美的人生境界，更有利于他们形成积极乐观、自信从容的心理品质，为其全面发展和终身发展奠定坚实的基础。

第二，理想信念教育有利于中学生传承中华优秀传统文化，发展社会主义先进文化，有利于中学生不忘本来、吸收外来、面向未来。党的二十大报告指出："全面建设社会主义现代化国家，必须坚持中国特色社会主义文化发展道路，增强文化自信，围绕举旗帜、聚民心、育新人、兴文

---

① 习近平. 努力成为可堪大用能担重任的栋梁之才［N］. 人民日报，2022-02-01.

化、展形象建设社会主义文化强国，发展面向现代化、面向世界、面向未来的，民族的科学的大众的社会主义文化，激发全民族文化创新创造活力，增强实现中华民族伟大复兴的精神力量。"① 理想信念是中华优秀传统文化的精华，中学思政课进行理想信念教育，有利于中学生传承我国优秀传统文化，真正让"穷则独善其身，达则兼济天下""厚德载物，自强不息"等理想信念内化于心、外化于行，并且在时代的发展中不断丰富理想信念的内涵。

第三，理想信念教育有利于培养中学生的社会责任感。顾炎武说，"天下兴亡，匹夫有责"，尤其是在当今社会，坚定理想信念更加重要。中学生是祖国的未来，对中学生进行理想信念教育，可以让他们学会正确处理自己和社会的关系，引导他们以积极向上的态度投入社会公共生活，促使他们在社会实践中积极主动承担责任义务，以真诚和理想信念跨越矛盾的沟壑，拉近人与人之间的距离，为以后服务社会、奉献社会打下基础。

第四，理想信念教育有利于中学生为全面建设社会主义现代化国家凝心聚力。党的二十大报告指出，"全面建成社会主义现代化强国，总的战略安排是分两步走：从二〇二〇年到二〇三五年基本实现社会主义现代化；从二〇三五年到本世纪中叶把我国建成富强民主文明和谐美丽的社会主义现代化强国"②。我们要实现社会主义现代化，更需要全社会的共同努力。必须营造良好的社会风气，促进社会形成积极向上的精神风貌。而形成健康、充满正能量的社会风气，需要每一个公民从一点一滴的小事做起，关爱他人、关爱社会。所以对中学生进行理想信念教育，有利于中学生增强社会参与感和社会责任感，养成亲社会的行为，并用自己的正能量

---

① 习近平. 高举中国特色社会主义伟大旗帜　为全面建设社会主义现代化国家而团结奋斗——在中国共产党第二十次全国代表大会上的报告 [N]. 人民日报，2022-10-26（1）.

② 习近平. 高举中国特色社会主义伟大旗帜　为全面建设社会主义现代化国家而团结奋斗——在中国共产党第二十次全国代表大会上的报告 [N]. 人民日报，2022-10-26（1）.

感染身边的亲人朋友和社会成员，共同参与到社会主义现代化建设的进程中来。

二、复杂性

（一）教育对象更加复杂化

从成长过程来看，中学生认识问题的水平正在由事实判断向价值判断过渡，世界观、人生观、价值观问题是他们必须面对的根本问题。在这个过程中，他们需要不断地实践、摸索和探究，容易改变对人、事、物的认知，理想信念摇摆不定、态度无常，导致理想信念的形成过程呈现出反复性、曲折性等特点，从而形成理想信念教育的复杂性。

2014年，习近平总书记在北京大学师生座谈会上强调："青年的价值取向决定了未来整个社会的价值取向，而青年又处在价值观形成和确立的时期，抓好这一时期的价值观养成十分重要。这就像穿衣服扣扣子一样，如果第一粒扣子扣错了，剩余的扣子都会扣错。人生的扣子从一开始就要扣好。"关于青年人的价值追求，习近平总书记还这样对青年人说："无数人生成功的事实表明，青年时代，选择吃苦也就选择了收获，选择奉献也就选择了高尚。"[①] 因此，对处于人生黄金期的青少年进行理想信念教育至关重要。中学生处于心理、生理尚未发育成熟的关键时期，思想上容易产生困惑和迷茫，很难认识到社会上各种问题的本质，并作出正确的价值选择。中学生还没有进入社会，缺乏大量的社会实践，对社会现实缺乏深入了解，思想还不够成熟，分辨能力较差，对事物的认识和看法容易带有主观性、片面性。另外中学生的学习生活较为紧张，他们在面对压力时自我调节能力各不相同，因而有不少中学生在人生价值观方面存在偏差，看问题深度不够，做事情不能持久，容易产生困惑的心理。在这种情况下，

---

① 习近平. 在同各界优秀青年代表座谈时的讲话 [N]. 人民日报，2013-05-05 (1).

他们作自主选择时往往变动不居、犹豫不决，在思想意识上展现为曲折性与反复性。例如：在获取金钱、权力以及社会地位和对自我价值、社会效益和集体利益进行衡量时，他们容易受到所谓"成功人士"和其他因素的影响，以至于他们在耗费大量时间和精力的情况下依旧踌躇不决，价值观念摇摆不定，理想信念难以真正确立。

（二）教育过程更加复杂化

德育过程应该发挥知、情、意、行的整体功能。首先，培养学生知、情、意、行，要晓之以理、动之以情、导之以行、持之以恒，使四者相辅相成、全面发展，发挥整体的最大功能。其次，在教学过程中，学生的知、情、意、行往往会发展不平衡，导致各个因素发展不协调或者严重脱节，比如"心口不一""表里不一"，所以在对中学生进行理想信念教育的过程中要有的放矢、调整结构，将知、情、意、行统一起来。最后，《普通高中思想政治课程标准（2017年版2020年修订）》指出："学科内容的教学与社会实践活动相结合，是活动型学科课程的显著特点。"这要求思政课教学要注意理论与实践相结合，把实践活动引入课程，让学生把在头脑中形成的理想信念应用到实践中，回归生活，从而进一步坚定理想信念，同时也能在丰富多彩的实践活动中不断观察思考，在辨别是非的过程中了解社会、深入生活，真正感受时代发展的气息，增强公民社会责任感和时代使命感。不仅如此，学生们在实践活动中，还可以培养合作能力、口头表达能力、策划组织能力，以及分析解决问题的能力、处理突发事件的能力和总结分析评价的能力，展现多元才能，培养自信心与自强自立的意识。总之，中学生进行理想信念教育，要在生活、学习中培育勤学、修德、明辨、笃实的宝贵品质，把握正确的人生方向，扎扎实实干事、踏踏实实做人，切实做好社会主义核心价值观的学习者、宣传者、践行者。

(三) 教育环境更加复杂化

在现代开放、多样、民主化的社会中，个体面临的选择越来越多，任何一种选择都伴随着比较、权衡与否定。理想信念教育内化过程的终极目标是使中学生逐步形成把个人利益与党和国家的利益、与社会发展的趋势和时代要求相统一的人生观和价值观。社会大环境影响的长期性与校园小环境影响的有限性，这些矛盾必然导致理想信念教育内化过程的复杂性。社会环境和社会生活的多样性和复杂性，影响着中学生价值观念和行为方式的选择，影响着中学生理想信念的确立。这种影响既有中学生群体间的互相影响，也有家庭环境的影响，还有社会经济、政治和文化思潮的深刻影响，这些都会影响理想信念教育的内化过程。首先，中学生应关注时事热点，但部分学生容易被一些表面现象所迷惑。在这种情况下，心理尚未完全成熟的中学生在面临复杂社会现象时容易迷茫和困惑，其理想信念的确立往往充满矛盾性。其次，我国正处于社会转型期，学生容易对原有价值观念产生怀疑。虽然我国各项体制机制正在不断健全，但是在社会主义建设探索阶段出现的各种曲折容易使中学生对理想信念的认识模糊化，在重大理论问题的认识上，部分中学生往往概念不清、立场不定、取舍不决，导致其理想信念发展方向不明确。再次，在当今世界文化多样性的影响下，中学生理想信念的形成也受到强烈冲击。然而，他们现有的认知水平不足以支撑其正确辨别外来文化和本土文化的优劣，导致他们的自我认知与客观现实产生冲突。传统价值观念的影响力逐渐减弱，而新的价值观念体系难以在短时间内形成，因此，在多元文化背景下，价值取向冲突难以避免，各种矛盾日益增多。最后，市场经济的发展、科学技术的应用，深刻地影响着世人对物质生活和精神生活的追求，拜金主义、个人主义、享乐主义思想有所抬头，这对中学生的思想教育工作来说无疑是一个巨大的挑战。

三、与时俱进性

当今世界，科技进步日新月异，人类面临的共同问题不断增多，国际竞争日趋激烈，对人的思想观念道德品质和综合素质提出了新的挑战，我国社会主义经济、政治、文化、社会建设都进入了一个新的历史阶段。中学生处于身心迅速发展和学习参与社会生活的重要阶段，处于理想信念形成的关键时期，迫切需要学校、教师给予正确引导和有效帮助。随着现代社会的不断发展，对中学生的理想信念教育也要与时俱进，与经济社会发展、与社会主义现代化建设紧密联系，与改革开放的社会生活实际相联系，与国际社会相联系，以适应现代社会的发展和挑战，并使理想信念教育自身永葆生机活力，在实践中不断完善发展。理想信念教育又渗透于经济社会发展的各个方面，对社会主义政治、经济、文化、生态、社会都有深刻影响。随着时代的发展，理想信念教育的时代内涵不断丰富，坚定理想信念将成为我们应对时代挑战、降低负面事件影响、净化社会风气的一把金钥匙。

中学生理想信念教育是同社会的发展和进步与时俱进的。一个人世界观、人生观和价值观的确立，理想信念的形成，不是轻而易举、一蹴而就的，要经历一个长期学习和努力实践的过程。理想信念作为社会生活的反映，它本身虽然具有很强的稳定性，但并不是一成不变的，并不能脱离社会生活的实际而孤立地保持自己的稳定性。相反，理想信念与社会生活有着紧密的联系并始终处于互动之中。中学生确立理想信念要以不断扩大更新的生活经验为基础，应该注重理想信念和社会生活的联系，立足于生活中的理想信念养成教育，解决自我、家庭、学校、自然以及在社会生活中遇到的其他问题，并对生活中的理想信念经验和体会进行提炼加工。大多数当代中学生对中国特色社会主义的理想信念也是在社会生活中逐步确立起来的，也需要随着社会实践的发展而不断巩固和升华。理想信念正是在现实变化的考验中变得更加完善、更加坚定的。中学生坚定理想信念的过程不仅是一个与现实相结合、与实践相结合的与时俱进的过程，也是一个不断受理想信念教育，并自觉地对理想信念进行深入思考和升华的过程。

中学生理想信念教育的任务，就是要引领他们领悟理想信念的重要意义，让他们逐步形成正确的理想信念，知道善与恶，辨别是与非，真正形成理想信念的内化，把理想信念作为行为准则。理想信念教育要立足于学生不断发展的人格，要尊重学生对理想信念的自主思考和对理想信念的自我实践。理想信念的形成发展，需要中学生拥有一定的生活体验和经过矛盾冲突后的独立思考。中学生的生活范围逐步拓展，他们需要处理的各种关系日益增多，中学思政课正是在中学生逐步拓展生活经验的基础上，让他们一起体会成长的美好，面对成长中的问题，为他们正确认识成长中的自己，处理好与他人、集体、国家和社会的关系提供必要的帮助。对中学生进行理想信念教育要将正确的价值引导蕴含在丰富生动的生活实践中，将理想信念和实践相结合，要鼓励学生在生活的矛盾困境中积极探索，总结经验，通过对理想信念的践行促进理想信念的确立。

四、阶段性

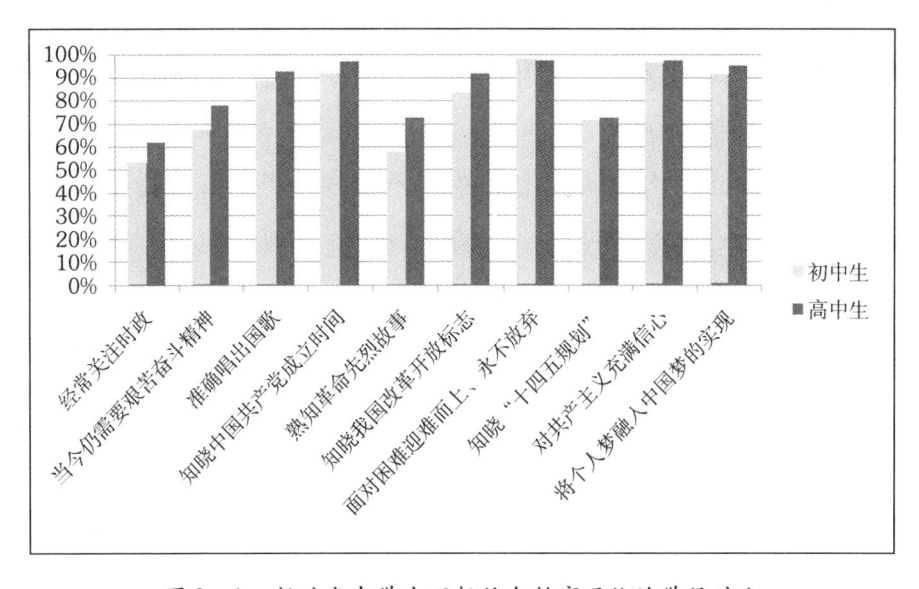

图3-1 新时代中学生理想信念教育现状的学段对比

在对新时代中学生理想信念教育的现状进行分析时，我们将中学生这一群体划分为初中生和高中生两个部分进行分类研究，对初中生和高中生对在调查问卷中所有问题正向选项的选取进行分析，制作了柱状图（如图3-1所示）。从这一柱状图，我们可以清晰直观地看到：当前，初中生与高中生的理想信念教育的现状和成效有差异，从初中阶段到高中阶段，中学生的理想信念呈现出阶段性和顺序性的特征。因此，道德与法治（思想政治）课教师在课程教学理念上要树立分阶段、分层次的育人理念。

初中阶段是学生由童年期向青春期过渡的特殊时期。因此，他们的身心既具有童年时期的幼稚性特点，又带有青春期的懵懂性和不确定性特点，道德与法治课教师在开展理想信念教育时要根据中学生身心发展的阶段性和层次性规律，设计循序渐进的系列化课程。

高中阶段是人生的重要阶段，这一阶段的学生正处于由未成年人向成年人转化的转折期，是世界观、人生观、价值观形成的关键时期，比起初中生，高中生的理想信念教育的成效更加显著，他们有着更为坚定的理想信念。随着学生年龄的增长、受教育程度的提升，他们的思想也更加成熟，在面对复杂的问题时，他们更能作出正确的价值判断和价值选择。高中生关于理想信念的重要性认识更充分，以及对理想信念的坚定程度更高，因此，新时代中学生理想信念教育应该以中学生成长的特点为依据，从不同阶段中学生的特殊性出发，遵循中学生身心成长规律，在不同年级有不同侧重点，紧密贴合中学生的成长需求来开展，打造全过程育人体系。

从图3-1初中生和高中生在调查问卷中所有问题正向选项的选取对比情况可以看出，随着年龄的增长，以及受教育程度的提高，与初中生相比，高中生在理想信念的确立方面，更能结合自己的实际情况，针对个人的能力、兴趣和爱好等去作出适合自己的人生规划，选择好自己的奋斗目标，志向更加高远、意志更加顽强、理想信念的确立也更加坚定。

五、方向性

新时代中学生理想信念教育应坚持方向性原则。这是新时代中学生理想信念教育的主心骨。

中华人民共和国教育部发布的《中小学德育工作指南》明确指出,要对中小学生开展理想信念教育。理想信念教育内容包括开展马列主义、毛泽东思想学习教育,加强中国特色社会主义理论体系学习教育,引导学生深入学习习近平新时代中国特色社会主义思想,领会党中央治国理政新理念新思想新战略。加强中国历史特别是近现代史教育、革命文化教育、中国特色社会主义宣传教育、中国梦主题宣传教育、时事政策教育,引导学生深入了解中国革命史、中国共产党史、改革开放史和社会主义发展史,继承革命传统,传承红色基因,深刻领会实现中华民族伟大复兴是中华民族近代以来最伟大的梦想,培养学生对党的政治认同、情感认同、价值认同,不断树立为共产主义远大理想和中国特色社会主义共同理想而奋斗的信念和信心。

通过对习近平总书记关于新时代理想信念教育的重要讲话进行系统总结,我们发现,新时代中学生理想信念教育要坚持引导新时代中学生牢固树立共产主义远大理想和中国特色社会主义共同理想的方向性原则。

六、长期性

中学生理想信念的确立过程是中学生对理想信念进行认知、选择、坚定、内化并努力践行的过程,不能一蹴而就,教育成效也不能做到立竿见影,是一个漫长的过程,具有长期性的特点。

中学生的世界观、人生观和价值观正在逐渐形成中,尚不稳定。他们对理想信念的认知在不同的成长节点,随着自身受教育程度的提升、见识的增长,会产生不同的领悟。中学生在树立、坚定和践行理想信念的过程中会遇到各种各样的困难与挑战,青春期的他们对理想信念的树立会出现反复甚至多元化，面对他们摇摆不定的态度，我们一定要树立理想信念教育长期性的理念，引导中学生逐渐确立正确的理想信念，并内化和践行，从引导中学生选择正确的理想信念到将理想信念内化于心，从而坚定已经确立起来的理想信念，然后在中学生日常的生活实践中自觉践行正确的理想信念，外化于行。

一个人基础教育阶段是他人生的"拔节孕穗期"，在这一关键时期，特别需要一体化的思政课培根铸魂。同时，新时代中学生理想信念教育是一项长期、系统的工程，贯穿于中学生成长的全过程，完整性和连续性是其重要特征。构建循序渐进螺旋上升的大中小幼一体化德育内容教育序列，既需要教育主管部门从思政课教师集体备课制度，纵向跨学段、横向跨学科的交流研修机制等方面进行顶层设计，更需要不同学段的思政课教师树立贯通意识，在不同学段要尊重学生的成长发展规律，从课程目标、课程内容、课程实施等板块切入，建构螺旋上升的育人目标、知识体系、教学方法，逐步在树立远大理想、热爱伟大祖国、担当时代责任、勇于砥砺奋斗、练就过硬本领、锤炼品德修为等方面夯实学生的理想信念。

七、相通性

《普通高中思想政治课程标准（2017年版2020年修订）》指出，思想政治课须培养的学生核心素养的四个要素是政治认同、科学精神、法治观念和公共参与。

政治认同关乎学生的成长方向和理想信念的确立，也是培养科学精神、法治意识、公共参与的价值基础。思想政治学科作为带有浓厚国家意志和社会价值观念的课程，对于培养学生的政治认同素养显得尤为重要。

当代中学生的政治认同，主要表现在三大方面：第一，中学生应懂得中国特色社会主义是中国共产党和全国人民长期实践取得的根本成就，展现道路自信、理论自信、制度自信和文化自信；第二，中学生能够确认中国共产党的领导是中国特色社会主义最本质的特征，应拥护党的领导；第三，理解社会主义核心价值观是中国特色社会主义道路、理论体系和制度的价值表达，树立中国特色社会主义信念。

新时代中学生理想信念教育与思政课核心素养培养具有相通性。它们都不仅仅是为了让中学生掌握基础知识和基本技能，更重要的是让中学生在学习中初步形成正确的世界观、人生观、价值观。

美国学者凯尔曼在1958年曾经提出人的态度形成需要三个过程，包括依从、认同和内化三个阶段。处于青少年时期的中学生，其认知能力和思维水平不断提升，正处于世界观与价值观形成的关键时期。对于中学生政治认同素养的培养，我们可以遵循态度形成的心理学依据，按照"依从——认同——内化"的顺序进行培养。

新时代中学生理想信念教育也应遵循这一顺序。教师首先要引导学生达到外在的依从，然后追根溯源，引导学生分析、理解行为背后存在的原因，解答学生心中尚存的疑惑，理解任何一项政治制度的实施，对于国家、社会和个人都有着非常重大的意义，从而让学生对这一行为产生内心的认同，并逐渐内化，可以引导学生参与体验，给学生设置不同的角色，因为站在不同角色的视角看问题会有不同的理解。

八、创新性

新时代，中学生理想信念教育的内容不再是束之高阁的思想政治理论知识，而是与中学生生活实际密切相关的指导思想、行动指南。新时代中学生理想信念教育的具体内容更加贴合当今社会时政热点。新时代的中国处在新的历史方位，中国社会的主要矛盾转变为人民日益增长的美好生活需要和不平衡不充分的发展之间的矛盾，中国特色社会主义进入新时代。因此，新时代中学生理想信念教育的内容包括：必须对我国当前的发展形势和历史方位有着深刻的认识和理解，深刻把握国家发展现状和时代要求，针对当前新时代新形势，引导学生正确认识和分析社会问题。同时，要结合新时代新的历史特点，结合当前中学生面临的新环境、出现的新问题，把握新时代青年成长成才的新特点、新规律，在理想信念教育的内容和形式上不断创新。

例如，思政课教师在教学过程中要以中学生生活实际为切入点，将中学生理想信念教育内容融入其中，在对中学生进行理想信念教育的过程中，力求形式多样性、活动丰富性，大胆创新，综合运用现代化科技手段，使教育方式灵活多样、生动形象、富有成效，力求做到理论与实践的统一、内容与形式的统一。思政课教师要善于把抽象的理想信念教育内容采用学生喜闻乐见的方式，转化为学生能够理解接受且喜欢的生活化的教育内容，让学生真正"入脑入心"。

教育部颁布的《普通高中思想政治课程标准（2017年版2022年修订）》倡导学科内容采取思维活动和社会实践活动等方式呈现，即通过一系列活动及其结构化设计，实现"课程内容活动化""活动内容课程化"。因此，在教学中要避免只重知识目标的实现，特别是照本宣科、画书背书的简单教学形式，要倡导多样的教学形式，尤其是开展丰富多彩的教学活动。另外，还要开展丰富的课外实践活动，打造"行走的思政课"，组织学生开展研究性学习、社会调查、情景模拟、主题演讲、提出议案、实施案例分析、撰写思想政治小论文、参与社区志愿服务、到实践基地进行参观访问等多种形式的社会实践活动。让学生在社会实践中感受新时代的点点滴滴的变化，感受社会的美好，感受党领导的伟大事业、伟大斗争、伟大工程和伟大梦想，并确立决心为之奋斗的理想信念。

九、系统性

中学阶段是中学生形成良好品德修为、确立理想信念的关键时期。中学生理想信念的确立不是几节课就能完成的事情，也不能仅依靠课堂教学，理想信念教育需要学校、家庭和社会全方位结合，为中学生理想信念教育提供一个良好的育人环境。因此，新时代中学生理想信念教育要丰富德育形式，形成学校、家庭、社会三方的教育合力。

理想信念教育不能只是依靠思政课教学，还必须融入"四史"教育、劳动教育、中华优秀传统文化教育、心理健康教育和社会实践教育等各个方面，从校园环境、学校文化、学生活动、社区建设等各个环节入手，全面拓宽理想信念教育的渠道，构建全员化、全程化、全方位的中学生理想信念教育育人体系。

第一，学校要整合各方面力量，丰富德育形式，努力营造浓郁的理想信念教育氛围。除了充分发挥好思政课这一重要的德育课程外，也要注重其他学科对学生进行理想信念教育的渗透，努力构建以思政课为关键，语文、历史课为骨干，其他各学科为支撑的德育课程体系。另外，在学校的班团活动以及其他校园活动中也要有意识地对学生进行理想信念教育。

第二，学校要取得家庭和社会的紧密配合和支持，形成三方教育合力。首先，家庭教育是学校教育和社会教育的基础，家庭教育在中学生成长过程中具有不可或缺的重要作用。在对中学生进行理想信念教育过程中，要争取家长的配合，形成有效的家校合力。其次，社会教育因素同样不可或缺。一方面全社会要弘扬社会主义核心价值观，要营造浓厚的爱国主义氛围，使中学生在潜移默化中树立中国特色社会主义共同理想和共产主义的远大理想，自觉担负起民族复兴大任；另一方面要组织引导学生广泛参与社会实践，让学生亲身感受祖国的伟大变化，亲身体验新时代的美好未来，客观认识社会发展中存在的问题和不足，辩证地看待这些问题和不足，从而进一步确立为之奋斗的理想信念。

总之，只有学校、家庭和社会紧密配合，形成教育合力，才能更好地促进中学生确立正确的理想信念，并能为之努力奋斗。

第四章　新时代中学生理想信念教育影响因素分析

第一节　学校教育因素

我国教育体系是由学校教育、家庭教育和社会教育三部分组成的。学校教育是个人一生所受教育的最重要组成部分，个人可以在学校里接受计划性的指导，系统地学习文化知识、社会规范、道德准则和价值观念。学校教育从某种意义上讲，决定着个人社会化的水平和性质，是个体社会化的重要基地。"教育是国之大计、党之大计。培养什么人、怎样培养人、为谁培养人是教育的根本问题。"[①] 在中国特色社会主义进入新时代的今天，学校教育对于学生成长为德智体美劳全面发展的社会主义建设者和接班人，帮助学生树立坚定的理想信念起到了更为重要的作用。

一、学校教育的特点

学校教育是由专业人员承担，在专门的机构，进行目的明确、组织严

[①] 习近平. 高举中国特色社会主义伟大旗帜　为全面建设社会主义现代化国家而团结奋斗——在中国共产党第二十次全国代表大会上的报告 [N]. 人民日报, 2022-10-26 (1).

密、系统完善、计划性强的以影响学生身心发展为直接目标的社会实践活动。学校教育是对学生进行理想信念教育最为重要的一环。学校教育职能的专业性、组织的严密性、作用的全面性、内容的系统性、手段的有效性、形式的稳定性，是其他教育形式所不具备的独特优势。

（一）职能的专业性

学校教育在培养人的过程中具有很强的专业性，主要表现在四个方面：第一，培养人是学校教育的基本职能、中心任务，学校是专门培养人的场所；第二，教师是经过严格选拔并经过专门训练培养出来的专业人员，不仅学识广博、品德高尚，而且懂得教育规律，掌握有效的教育方法，最能体现学校教育的专业性；第三，学校设有系统完整的各科课程，学生所学的课程内容，都是经过严格筛选、精心编制的，具有较强的针对性、科学性与逻辑性；第四，学校还有专门的教育教学设备。这一切都为学生理想信念教育提供了可靠的保障。

（二）组织的严密性

教育的特点在于对人的影响的目的性、组织性、计划性，学校教育的目的性和计划性集中体现在严密的组织性上。学校教育是制度化的教育，具有严密的组织结构和制度。学校有明确的教育方向，有严密的教学管理制度和明确的岗位分工体系，既有专设的领导岗位以及行政管理部门，又有思政课教学、德育管理、总务后勤、文体活动等岗位分工。各个部门和岗位既有分工又有协作，共同发挥立德树人的教育功能，这是社会教育和家庭教育所不具备的。

（三）作用的全面性

与社会教育和家庭教育对人的成长影响有一定的偶然性不同，学校教育是全面培养人的活动，它不仅要关心教育对象的知识和智力的增长，而且会对受教育者的身心健康成长以及德智体美劳等方方面面施加影响。培养塑造全面完整的社会人,是学校教育的特有职责,而这一职责也只有学校教育才能承担起来。

（四）内容的系统性

为适应培养德智体美劳全面发展的人的需要,学校教育特别注重内在连续性和系统性。从终身教育的角度看,学校教育在人的一生发展中具有基础性的作用,不同学段的教育都是在不同层面上为人的一生发展打基础的。学校教育既注重知识体系,又符合认识规律,能够做到因材施教、循序渐进,所以,教育内容的完整性和系统性是学校教育的一个重要特点,而社会教育和家庭教育在教育内容上一般具有片段性。

（五）手段的有效性

学校的教育教学活动由专业的教师来实施。教师一般都具有较高的专业素养和娴熟的教育教学方法,能够通过专业性的教育教学活动,有效实现教育教学目标。同时,学校还具有开展教育活动的完备设施和专门的教学设备,如多媒体、实验室、体育场等,这些都是保证教学顺利进行的不可缺少的物质条件,是社会教育和家庭教育所无法全面提供的。

（六）形式的稳定性

学校教育形式比较稳定,学校有稳定的教育场所、稳定的教育者、稳定的教育对象、稳定的教育内容以及稳定的教育秩序等。学校教育的这种稳定性,更有利于学生的发展。

总之,学校教育具有其他教育形态所不具备的特点和优势,这就保证了学校教育的高度有效性,它在学生理想信念教育中具有主导地位。

二、学校教育在新时代中学生理想信念教育中的积极作用

（一）坚持正确的育人方向,引导学生树立正确的理想信念

2018年,习近平总书记在全国教育大会上指出,"培养什么人,是教

育的首要问题。我国是中国共产党领导的社会主义国家，这就决定了我们的教育必须把培养社会主义建设者和接班人作为根本任务，培养一代又一代拥护中国共产党领导和我国社会主义制度、立志为中国特色社会主义奋斗终身的有用人才。这是教育工作的根本任务，也是教育现代化的方向目标"；"要在坚定理想信念上下功夫，教育引导学生树立共产主义远大理想和中国特色社会主义共同理想，增强学生的中国特色社会主义道路自信、理论自信、制度自信、文化自信，立志肩负起民族复兴的时代重任"。学校全面贯彻党的教育方针，制定明确的德育目标，采用科学的育人手段，引导学生逐步确立科学的世界观、人生观、价值观，坚定马克思主义信仰，坚定中国特色社会主义信念，坚定实现中华民族伟大复兴中国梦的信心，树立为实现社会主义现代化而奋斗的志向，成为德智体美劳全面发展的社会主义事业的建设者和接班人。

（二）思政课在培养学生理想信念中发挥了主阵地作用

《普通高中思想政治课程标准（2017年版2020年修订）》指出："高中思想政治课程是落实立德树人根本任务的关键课程，以培育社会主义核心价值观为目的，是帮助学生确立正确的政治方向、提高思想政治学科核心素养、增强社会理解和参与能力的综合性、活动型学科课程。高中思想政治课程紧密结合社会实践，讲授马克思主义基本原理，讲授马克思主义中国化成果特别是习近平新时代中国特色社会主义思想，引导学生经历自主思考、合作探究的学习过程，理解中国特色社会主义进入新时代的历史方位，了解新时代中国特色社会主义经济、政治、文化、社会、生态文明建设和党的建设进程，培育政治认同、科学精神、法治意识和公共参与等核心素养，逐步树立共产主义远大理想和中国特色社会主义共同理想，坚定中国特色社会主义道路自信、理论自信、制度自信、文化自信，基本形成正确的世界观、人生观、价值观。"由此可见，思政课本身就是对学生进行理想信念教育的专门课程。广大思政课教师要准确把握课程性质，贯彻新的课程理念，积极创新课堂教学思路，引导学生自觉将个人的发展和国家民族的前途命运紧密相连、将个人理想和国家繁荣富强融为一体、逐步树立起为共产主义远大理想和中国特色社会主义共同理想而奋斗的信念，担负起民族复兴的时代重任。

（三）序列化的主题教育活动促进了学生理想信念的树立

中学生理想信念形成的过程也是有层次的、渐进的，所以，理想信念教育也要层层递进、环环相接、螺旋上升。根据中学生身心发展的阶段性、层次性规律和各年级教学任务的不同，学校的理想信念教育在每个年级往往会设计循序渐进的一系列任务。例如，在初一、初二年级，可以开展"生活多美好，世界多精彩"等主题教育活动，结合学生心理特点，启发他们把生活理想融入社会理想。在初三、高一年级，可以开展"愿为祖国作贡献"等主题教育活动，有意识地把信仰的知识融入教育之中，帮助学生树立科学的信仰和正确的社会理想。在高二、高三年级，可以开展"振兴中华为己任""人生、理想、信仰"等主题教育活动，鼓舞学生以科学的人生观去追求和实现理想。这样，在整个中学阶段，以"理想、成才、责任、奉献"为内涵的理想信念教育形成一定的层次性和系列性，从而引导学生逐步走向"成人"，成为有远大理想的社会主义建设者和接班人。

（四）因材施教的针对性教育增强了理想信念教育实效

理想信念教育要具有针对性，学校通过有目的、有计划、有组织、有步骤地开展理想信念教育活动，能够做到根据学生的不同特点和思想基础因材施教，很好地引导学生做好自我分析、自我纠正、自我发展，使理想信念教育更有实效。学校教育具有开发学生特殊才能和发展学生个性的功能，通过关注学生的最近发展区，因材施教，有助于发展学生的个性特长，弥补学生思想的不足，促进学生理想信念的个性化培养。同时，学生作为理想信念教育的主体，不仅可以积极地接受教育，还可以主动地进行自我教育。学生通过自己主观努力和模仿同伴，结合自己的体验去掌握马克思主义的思想体系、中国特色社会主义的政治观点和道德规范，从而确立科学的、正确的理想信念。

三、学校教育在新时代中学生理想信念教育中的不足

学校教育在新时代中学生理想信念教育中还存在一些不足，主要表现为大中小一体化有待加强、有些学校思想上不够重视、有些思政课教师育人作用发挥不充分、部分学生对理想信念的认识不足等方面。

（一）大中小一体化有待加强

理想信念的培养是一个循序渐进、逐步夯实提升的过程，我们必须遵循学生认识发展的规律，小学、中学、大学各有侧重又循序渐进、螺旋上升，达到三者相加大于一的效果。当前，小中大学虽然都有理想信念教育的内容，也都在学生理想信念的形成中起到了有效的促进作用，但是，当前小中大学在理想信念教育目标和策略以及具体教育活动的开展上还缺乏有效衔接，没有形成主题鲜明、教育活动有序衔接的序列化措施，每一个学段在理想信念培养中还存在各自为战、缺乏有效沟通的现象，这在一定程度上使得各个学段的教育效果打了折扣，影响了学校教育在学生理想信念培养中的效果。

（二）有些学校思想上不够重视

学校要在学生理想信念培养中发挥积极作用，首先取决于学校的重视程度，如果学校对此不够重视，学校教育的作用将会大打折扣。一些学校思想不够重视，主要表现在以下几方面。

1. 有些学校没有形成德育合力，大思政格局还未形成

学生理想信念的培养是一个系统工程，学校教育既需要潜移默化地对

学生施加影响，又要进行顶层设计，明确培养目标和责任分工，整合学校各项德育工作，凝聚学校德育、思政学科以及其他学科的德育功能，构建大思政格局。

首先，有些学校缺乏不断夯实学生理想信念的序列化教育措施。当前大多学校对学生的德育工作基本能够做到每学期按照一定的主题来开展，但是这些主题之间缺乏序列化设计，对于学生理想信念的培养多见于点状教育，而缺乏螺旋上升的序列化措施。

其次，有些学校德育工作没有形成合力，大思政格局还未形成。学校作为立德树人的主阵地，需要将学校的各项工作都统一到立德树人上来。当前学校各项工作还是围绕教学展开，思政课教学、学校其他德育工作、学科德育还没有形成有效合力，对理想信念的教育缺乏统一规划。其中，思政课是学校德育工作的主渠道，是落实立德树人根本任务的关键课程。当前思政课改革如火如荼，学校德育工作在落实学科核心素养方面做了很多探索和实践，德育功能的发挥也越来越充分。在学科德育的实践中，虽然各类学科教师正在积极主动地投入大中小学德育工作，但主要还是以教学部门的倡导鼓励、学科教师的自主探究建设为主，社会实践等主题活动的组织和设计还存在开展不定期、形式单一等问题。同时，学校的德育活动虽然自成体系，但是与思政课、学科德育沟通较少，缺乏德育目标的顶层设计、缺乏活动开展前后的沟通协商机制，因此还处在各自为政、各自探索状态中。此外，教学组织形式、师生交往方式、校园空间安排、环境氛围营造等，往往缺少教育设计，缺乏对其中蕴含的德育资源的全方位挖掘。

2. 有些学校对思政课的重视程度还不够

习近平总书记强调，思政课是落实立德树人根本任务的关键课程。但实地调查显示，高中思政课这一关键课程在有些学校的落实情况不尽如人意。受长期的应试教育思想影响，学校始终没有把思政课放到突出的位置，思政课在学校的整体教学体系中依然处于边缘化状态，学校对思政课的关注和支持力度有待提高。同时，在对思政课的教学质量评价上还是注重学生的学业成绩，忽视学生核心素养的培养与成长，这在一定程度上影响了学生理想信念的培养。

第一，有些学校在制订教学计划时并没有将思政课放到突出的位置。思政课在学校得不到应有的重视，部分学校没有将思政课作为立德树人的关键课程来看待。一是思政课教师工作量较为繁重。思政课教师普遍课时量较大、所带学生较多，多数教师带的班都在5个班左右（高中"六选三"之后除外），这使得思政课教师没有足够精力关注到每一名学生，更不用说与学生进行有效的思想交流了。二是学校所设置的思政课课时及时间安排并不能满足学生对思政课的需要。思政课一般都是每周安排2课时，且一般都会把思政课安排在学生相对疲惫的节次，影响了学生的参与热情和思维活跃度，从而影响了教育实效。

第二，有些学校支持思政课改革的力度不够。受应试教育观念的影响，学校更看重的是学生知识的学习和考试成绩的提升，对于耗时费力、一时难以见到实效的思政课教学改革，学校往往并不太感兴趣。无论是课堂教学改革还是大中小一体化贯通以及理论与实践贯通的"双贯通"改革，如非教育行政主管部门推动，学校自身则很少会主动进行改革，开展相关探索活动。学校在社会实践活动上所投入的时间、经费以及师资力量相对较少，实际开展的社会实践活动相对也少，因此，学生无法在理论与实践的对照中夯实理想信念。

第三，有些学校对思政课的评价方式存在不合理因素。学校对思政课的教学考核和评价机制也是影响其理想信念教育效果的重要因素。学校对思政课的评价包括对教师的教和学生的学两个方面的评价，目前学校对思政课的评价方式还比较单一，主要体现在如下三个方面：一是针对学生的评价不够全面。在高考的指挥棒下，当前一些学校在学生评价方面还存在重知识、轻能力，重分数、轻德行，重结果、轻过程，重书本、轻生活等现象，从而无法真实反映出学生理想信念的培养情况，也不利于学生理想信念的形成。二是针对教师的评价，则突出表现为以学生的考试成绩作为衡量教师教学状况的唯一标准，这将在某种程度上挫伤教师的主观能动性和创造性，也不利于教师的专业化发展。三是评价主体单一。对学生的评价主要还是教师评价学生，学生自评和学生互评抑或是家长对学生的评价落实得并不好；对教师的评价还主要是学校领导评价，教师互评、学生评教更多也只是停留在形式上。评价方式的单一不利于教师和学生的进步和发展，在一定程度上影响了思政课立德树人根本任务的实现。

(三) 有些思政课教师育人作用发挥不充分

1. 部分教师的育人意识不够强，育人能力还有待提高

习近平总书记指出："办好思想政治理论课关键在教师，关键在发挥教师的积极性、主动性、创造性。"[①] 当前，有些教师受长期的应试教育观念的影响，其立德树人意识包括对学生理想信念教育的意识还有待增强，思政课教师在教学中重知识的传授，轻理想信念等德育目标的落实，重学生成绩的提升，轻学生情感、态度、价值观的培养。由此可见，思政课教师的育人意识有待增强，育人能力还有待提高。

其一，思政课教师的政治理论素养有待提升。思政课是一门信仰课，要传授马克思主义理论知识和价值观，要把习近平新时代中国特色社会主义思想作为思政课教学的主要内容。真信才能真教，思政课教师自己要真正信仰马克思主义，做到"让有信仰的人讲信仰"，这样思政课才会有实

[①] 习近平. 在学校思想政治理论课教师座谈会上的讲话 [N]. 人民日报，2019 - 03 - 19 (1).

效。同时，思政课教师只有真学，才能会教、讲透，只有学识渊博、思想深刻，才能够"用真理的力量感召学生，以深厚的理论功底赢得学生"。当前，中学大多思政课教师更多停留在对教材的研究学习上，而在马克思主义以及中国化时代化的马克思主义，特别是在习近平新时代中国特色社会主义思想的学习上，还不够系统深入，读原著学原文悟原理的功夫还不够深。

其二，思政课教师的综合素养有待提升。部分思政课教师的教学理念还比较陈旧，立德树人意识还不强，在教学中还存在"重理论学习，轻实践探究""重思想宣传，轻信仰培育""重知识灌输，轻理想培育""重老师讲解，轻学生参与"等传统教学理念和方式，这在一定程度上影响了实现思政课由教材体系向教学体系、认知体系、信仰体系的转化。思政课教师在教学中过多地关注知识的传授，缺少对学生心理基础和思想状态的关切，因而无法找准自己的教学与学生思想认识的共同点、情感交流的共鸣点、利益关系的交汇点，从而无法实现思政课教学的价值导向与学生主体诉求形成共振。另外，中学思政课教师的信息技术素养不足，特别是无法灵活运用新媒体拉近与学生的距离，在一定程度上也影响了对学生理想信念的培育。

2. 部分教师教学方法单一

当前，有些思政课堂教师主导和学生主体的作用发挥不够充分，出现两种情况：一是由于之前应试教育观念的持续性影响，部分教师仍没有完全转变充当"知识传声筒"的观念，课堂大部分时间都在机械地讲授理论知识，划考试重点，课堂气氛沉闷。二是部分思政课堂出现"过于体现学生主体地位"的现象。例如，在习题课上，教师让学生分组讨论，讲解习题，这种方式虽然能够激发学生积极性，彰显学生主体性，但课堂完全由学生主导，过于自由懒散，一节课只能讲解三分之一的习题，课堂效率低。三是忽略了学生水平间的差异，造成学生水平差距加大，教学效果适得其反。

2022年，习近平总书记在中国人民大学考察时强调："思政课的本质是讲道理，要注重方式方法，把道理讲深、讲透、讲活，老师要用心教，学生要用心悟，达到沟通心灵、启智润心、激扬斗志。"在信息化、社会思潮多元化的时代，学生的思想比较活跃，乐于接受娱乐化学习，拒绝接受简单的说教和理论罗列，对于传统思政课堂讲授的理论知识没有兴趣；而思政课教师不再占据知识的最高点，课程的内容和形式过于老化，不能与目前高中生的思想相契合，很难触及学生心灵，达到预期教育效果。

3. 理想信念教育内容往往与社会现实脱节，缺乏实践性

"思政课要用科学理论培养人，遵循不同学段学生的认知规律，把马克思主义基本原理讲清楚、讲透彻。同时，马克思主义是在实践中形成并不断发展的，要高度重视思政课的实践性，把思政小课堂同社会大课堂结合起来"[1]。在当前的思政课教学实践中，"坚持理论性和实践性相统一"的要求在有些教师那里还没有得到切实贯彻，往往呈现出"一边倒"或者"两头轻"的现象。"重理论性"和"轻实践性"，即在中学思政课的教学活动中过多地重视理论教学而轻视实践教学，片面强调理论教学的重要性而忽视实践教学的作用。这在现实的中学思政课的教学实践中是一种比较普遍的教学现象。但由于这种过于重视理论教学而轻视实践教学的教学现象在中学基础教育阶段过于普遍，以至于在现实的教学活动中被大多数学校和教师潜移默化地接受，并没有将其作为一种教学问题来对待。这严重影响了思政课堂的生动性和趣味性，以及课外实践教学对于理论教学的衔接性，从而影响中学思政课的教学效果。如果说陈旧的教育观念是导致中

---

[1] 习近平. 思政课是落实立德树人根本任务的关键课程[J]. 求是，2020(17).

学思政课产生"重理论性"和"轻实践性"教学问题的主观原因,那么,繁重的教学任务则是影响中学思政课产生这种教学问题的客观原因。这种繁重的教学任务大量挤占了教师群体和学生群体的时间、精力,致使中学思政课无法常规性地开展实践教学。

(四)部分学生对理想信念的认识不足

1. 部分学生对理想信念重要性的认识不足

新时代的青年"朝气蓬勃、好学上进、视野宽广、开放自信,是可爱、可信、可为的一代"[①]。当今社会高速发展、竞争日益加剧,加之信息更新速度加快和青少年获取信息途径多元,"青年的理想信念形成机制在发生变化,他们对理想信念有着确立的主体性需要,但又表现出强烈的现实主义倾向,理想信念的方向需要校准、动力需要激发"[②]。在个人理想与社会理想的关系上,部分中学生的理想信念表现出功利性的特点,对未来的理想追求偏向于个人的发展,缺乏对社会、对国家发展的社会责任与宏伟目标。而且,中学生的视野并不广阔,他们看待事物更多地只能看到表象,对未来的长远规划更多呈现的是迷茫不知所从,甚至出现精神迷失、动力不足、行为偏颇等倾向,还没有完全搞清楚个人成长与国家发展、民族复兴的紧密联系,没有认识到自己是实现中华民族伟大复兴的先锋力量,不能从民族复兴大业中找到自己前进的动力。

2. 学生课业负担过重,应试压力大

面对升学的压力,中学生特别是高中生在日常学习中,将注意力和关注点主要放到了学科知识学习和学习成绩上,而往往忽视了对理想信念的主动养成和自主规划,当学校思政课在对其进行理想信念教育的时候,认

[①] 习近平. 在全国高校思想政治工作会议上的讲话 [N]. 人民日报, 2016-12-09 (1).

[②] 代玉启. 新时代青年理想信念教育的境遇与理路创新 [J]. 思想理论教育导刊, 2022 (5): 112.

为这些都是空洞的说教,对于提升学习成绩和升学意义不大,因而不能够积极主动地接受熏陶和自觉树立自己的理想信念,甚至有时候还会产生抵触情绪,使得理想信念教育效果大打折扣。

3. 学生缺乏有效的实践体验

习近平总书记指出:"'大思政课'我们要善用之,一定要跟现实结合起来。"① 实践出真知,实践明事理。社会实践活动有利于青少年学生了解社会现状,培养其社会责任感、使命感。如前所述,当前思政课实践活动开展得并不够充分,形式也不够多样,不能真正使学生通过参加社会实践活动,将理论知识与社会现实联系起来,更好地了解我国的国情,认识到社会主义现代化建设的艰巨性和长期性,从而以参与者的眼光来观察、分析现状,把个人理想与民族复兴统一起来,更自觉地坚定马克思主义信仰,坚定中国特色社会主义信念,坚定实现中华民族伟大复兴中国梦的信心,树立为我国全面建成社会主义现代化强国而奋斗的志向,成为德智体美劳全面发展的社会主义事业建设者和接班人。

第二节 家庭教育因素

习近平总书记强调:"家庭是人生的第一所学校,家长是孩子的第一任老师,要给孩子讲好'人生第一课',帮助扣好人生第一粒扣子。"② 天下之本在国,国之本在家。中华民族历来重视家庭教育,在家教方面积累了宝贵经验。家庭在一个人特别是青少年的成长中所起的作用十分重要。

一、家庭教育对理想信念教育的重要性

中学阶段是一个人理想信念形成的重要阶段。理想信念不仅对个人的

---

① 习近平."'大思政课'我们要善用之"[N]. 人民日报,2021-03-07(1).
② 习近平在全国教育大会上强调 坚持中国特色社会主义教育发展道路 培养德智体美劳全面发展的社会主义建设者和接班人[N]. 人民日报,2018-09-11(1).

奋斗和价值的实现有重要的引领作用,而且是一个国家共同奋斗的重要动力。理想信念教育作为中学生的必修课,需要学校、家庭多方配合。进入新时代,在中学生理想信念教育中,家庭教育扮演着重要的角色。家庭教育是教育的起点和基石,是学校教育和社会教育的基础。良好的家庭教育有利于学生健康成长,形成坚定的理想信念。我们在访谈中了解到,在回答"我的成长过程中,对我影响最大的人"这一问题时,大多数学生选择了"父母或其他长辈",这说明家长如果拥有坚定的政治信仰、中国特色社会主义事业的坚定信念和对实现中华民族伟大复兴中国梦的信心,会对子女产生重要的影响,能够为子女树立马克思主义信仰、中国特色社会主义理想信念提供坚定的政治立场和稳固的支持。

(一)家庭教育对理想信念教育的启蒙作用

俗话说,"三岁看大,七岁看老"。个人德行的培养是要从小培养的,而家庭是最基础的土壤。每一个孩子从牙牙学语、蹒跚学步开始,就接受来自家庭的教育和熏陶,就潜移默化、耳濡目染地受着父母的影响。有什么样的家庭教育就会成就什么样的儿女。对父母来说,要把好的品德、习惯传递给孩子,给孩子以正确的引导,让孩子树立正确的世界观、人生观和价值观。

在家庭教育中,家长通过与子女进行日常沟通交流、言传身教,在子女内化道德规范、确立崇高理想信念的过程中,起着潜移默化、深远持久的影响。

(二)家庭教育对理想信念教育的固本培元作用

"中华民族历来重视家庭。正所谓'天下之本在家'。""国家富强,民族复兴,人民幸福,不是抽象的,最终要体现在千千万万个家庭都幸福美满上，体现在亿万人民生活不断改善上。"① 天下、国、家的根本在于每一个家庭，而每个家庭的根本在于我们每个人自身。每一个人都应该以正确的理想信念为指引，努力做一个好人，做好自己。家庭和谐美满了，国家才能秩序井然，天下才能够太平。家庭教育对理想信念教育有很重要的影响，对学校教育和社会教育起着固本培元的作用。固本培元是我国古老的哲学思想，元、本，是根本、元神的意思，即基础。② 从新时代中学生理想信念教育的角度看，"固本"是指通过探索家庭教育的有效模式，对中学生开展德育活动，帮助中学生坚定理想信念，提升道德修养，充分发挥家庭教育在中学生德育中的基础性作用。"培元"就是要探寻适合中学生自身发展特点的教育方式，利用现代教育技术，创新家庭教育方法，为中学生发展奠定良好基调。③

拥有坚定理想信念是一个人积极世界观、人生观和价值观的主要表现，是完成各项事业的思想基石。家庭教育在中学生"三观"形成中起着重要引导作用，关系到中学生的健康成长，影响其未来的人生航向。为了让中学生理想信念教育影响更深远持久，家庭教育和学校教育要相互配合，使理想信念教育循序渐进、螺旋上升。家庭是社会和国家最基本的细胞，家庭教育会影响社会风气的形成。良好的家庭教育能培育出美好的种子，这颗种子会去更广阔的领域，影响到更多的人，从而营造一个更和谐、更美好的社会风气。

进入新时代后，社会环境复杂多变，加强中学生理想信念教育更有利于弘扬社会正能量，促进中学生全面健康成长。

---

① 习近平. 在会见第一届全国文明家庭代表时的讲话 [N]. 光明日报, 2016-12-16.
② 梁秀文, 刘成璐. 家庭教育在青少年理想信念教育中的现状分析及路径探讨 [J]. 河南科技学院学报, 2021 (8): 2.
③ 孟万金. 具身德育：机制·精髓·课程——三论新时代具身德育 [J]. 中国特殊教育, 2018 (4): 73.

（三）家庭教育对理想信念教育的德育教化作用

《中华人民共和国家庭教育促进法》明确规定，家庭教育以立德树人为根本任务，培育和践行社会主义核心价值观，弘扬中华优秀传统文化、革命文化、社会主义先进文化。同时，与以"德智体美劳"为主要内容的学校教育相区别，家庭教育内容的规定突出"以德为先"，强调教育未成年人爱党、爱国、爱人民、爱集体、爱社会主义，培养家国情怀；教育未成年人崇德向善，培养其良好社会公德、家庭美德以及个人品德意识和法治意识等。[①] 从中我们可以看出，新时代家庭教育要更加注重培养子女良好的社会公德、家庭美德、个人的品德意识。中学生理想信念是青少年德育的重要内容，家庭教育要重视中学生的理想信念教育。新时代要高度重视家庭教育，把立德树人作为家庭教育的根本任务，注重中学生道德品行培养，塑造良好道德品格，发挥道德教育在中学生确立理想信念方面的重要作用。

人们常说："孩子是家长的影子，家长是孩子的镜子。"家庭教育对孩子的健康成长和孩子理想信念的确立起着举足轻重的作用。父母是孩子的亲人，是孩子最亲密、最信赖的人。同时他们共同生活在一个家庭里，接触的时间最多，父母的一言一行、一举一动，时时刻刻在潜移默化地影响着孩子。另外，父母待人接物的方式也是孩子效仿的重要模板。所以家长要树立家庭是第一个课堂、家长是第一任老师的责任意识，承担家庭教育的主体责任，用正确思想、方法和行为，教育孩子养成良好思想、品行和习惯。日常生活中，家长需要注重个人行为、以身作则、树立良好榜样，向孩子传承尊老爱幼、睦邻友好、重情重义等中华优秀传统美德，在家庭教育中培育孩子的社会主义核心价值观，在孩子道德品行的塑造中发挥示

---

① 中华人民共和国家庭教育促进法 [N]. 人民日报，2021－10－23（13）.

范作用，成为孩子内心追随的榜样，把培养孩子的道德情感、荣辱观，培养其家国责任感和道德品行，落实到孩子学习生活的各个方面，让孩子懂得理想信念对个人成长成才的重要性。

二、家庭教育在新时代中学生理想信念教育中的现实困境

（一）部分家长对孩子的理想信念教育重视不够

1. 意识角度：部分家长对孩子的理想信念教育意识淡薄

爱因斯坦曾经说过："每个人都要有一定的理想，这种理想决定着他的努力和判断的方向。"因此，身为新时代的中学生，更需要坚定的理想信念作指引，因为一旦有了理想，才能摆正自己的位置，也才会在日常学习中奋勇当先，实现个人价值和社会价值。每个中学生所处的环境和学习的方式不一样，但必须有积极的思想和心态作坚强的后盾，只有这样，中学生才能对自己树立的理想信念充满信心，才能做好新时代中国特色社会主义建设的接班人。家庭教育作为中学生理想信念教育的基础力量，对中学生理想信念的确立起到至关重要的作用。家庭教育有利于中学生接受正确的世界观、人生观、价值观，提升道德情感认知，树立成长成才目标，确立正确的理想信念。

但是，长期以来作为家庭教育的主体的部分家长，往往认为孩子到了中学阶段，大部分时间都在学校，孩子的理想信念教育应该交给学校和老师；他们认为对于孩子的理想信念教育自己插不上手，也不是自己的任务，自己的教养任务只是做好孩子的后勤保障工作就行。等孩子出了问题，如学习没有动力，做什么事情喜欢"躺平"，这时候家长才去找原因，为时晚矣。还有些家长虽将中学生理想信念教育融入家庭教育中，但对理想信念教育的理解存在偏差，将侧重点放在追求个人现实利益上，忽视了从更高的精神道德层面、个人价值与社会价值的角度开展理想信念教育，使家庭教育流于形式、浮于表面，未能真正发挥其积极作用。家庭教育中

理想信念教育的长期缺位与错位，使得孩子缺乏坚强的意志力，并因此导致其理想信念动摇，导致孩子陷入自我怀疑、自我否定直至自身理想破灭。

2. 认识角度：部分家长重智轻德，忽视理想信念教育

2018年，习近平总书记在全国教育大会上强调，坚持中国特色社会主义教育发展道路，培养德智体美劳全面发展的社会主义建设者和接班人。习近平总书记特别强调，要在坚定理想信念上下功夫，教育引导学生树立共产主义远大理想和中国特色社会主义共同理想，增强学生的中国特色社会主义道路自信、理论自信、制度自信、文化自信，立志肩负起民族复兴的时代重任。习近平总书记还指出，办好教育事业，家庭、学校、政府、社会都有责任。家庭是人生的第一所学校，家长是孩子的第一任老师，要给孩子讲好"人生第一课"，帮助扣好人生第一粒扣子。习近平总书记的讲话为教育体制改革指明了方向，引导教育者注重教育的整体内容，强调学生的全面发展。要深化教育体制改革，就要健全立德树人落实机制，遵循个体成长规律，针对孩子不同的身心发展阶段，采取与之相适应的教育，这也是家庭教育的责任。如果没有家庭教育的高质量参与，学校教育的质量必将大打折扣，所以需要充分发挥家庭教育在提升中学生理想信念教育中的实效性。

但是长期以来我们的家长在孩子教育方面，特别是孩子进入中学阶段后，重智育轻德育，家长给予孩子过高的期望和压力，热衷于为孩子选报各类学习班，花费大量时间和精力监督孩子学习文化知识。孩子一回家家长第一句话就是："作业做了吗？考试成绩如何？"这导致一部分中学生不想和家长交流，也无法和家长交流，在家大部分时间只能在自己的屋里学习。对于中学生而言，其健康成长关系到自身的前途、家庭的幸福和祖国的未来，家庭教育的优劣程度直接影响到未来的人生规划和自身发展。考

虑到孩子的长期发展,家庭教育要坚持适度原则,家长在重视孩子智育培养时,也要关注孩子德育的培养,特别是理想信念的培育,让孩子拥有健康的人格。

习近平总书记指出:"教育,无论学校教育还是家庭教育,都不能过于注重分数。分数是一时之得,要从一生的成长目标来看。如果最后没有形成健康成熟的人格,那是不合格的。现在的孩子心理问题是比较多的,有的很小的孩子心理问题一大堆。"[1]

(二)家庭教育的理想信念教育条件不够完备

1. 家长自身条件

在家庭教育中,都说父母是孩子的榜样。通常一个孩子成长为优秀人才的背后,总能找到温馨和谐家庭的影子;同样,一个人形成不健全的人格,也可以从其家庭中找到冲突和矛盾的因素。家长的理念和行为对孩子的影响是深远持久的,家长在对孩子进行理想信念教育过程中,如不能起到很好的示范作用,就会对孩子产生负面影响。如果家长没有崇高的家国情怀,贪图物质享受,注重个人利益,对国家宣传的理想信念不认同,做事不脚踏实地,投机取巧,那么,孩子慢慢也无法养成正确的理想信念,不能树立正确的世界观、人生观和价值观。还有部分家长对于国家、社会、民族层面涌现的优秀模范代表和人物,未能及时向孩子讲解传授,使得孩子在塑造自身品性的过程中缺乏正确思想引领。在理想信念教育方面,我们家庭应该是一种积极向上的学习型的家庭,家长应该加强自身的理想信念教育,和孩子共同成长。父母的成长和孩子的成长一样,是没有止境的。父母的不断进步、不断学习,其影响是无形而深远的。

2. 社会条件

对于中学生理想信念的教育,需要学校教育、家庭教育和社会教育协

---

[1] 唐江澎. 分数不是教育的全部 [N]. 光明日报, 2021-03-11 (11).

同合作。一个人在学校和社会上的表现源于他在家庭所受的教育,源于他在家庭中形成的关系模式。从这个角度看,家庭教育比学校教育和社会教育更重要。但是长期以来,在中学生的理想信念教育中,家庭教育遭到了忽视。例如根据教育行政管理的要求,各级各类学校都设立了家长学校来配合学校的德育教育工作。但是因为缺少能够开展工作的家庭教育指导教师,家长学校的工作没有得到实质性的开展,多数学校也只是在学期初、学期末象征性地组织家长在教室里听班主任总结学生在学期内的总体学习情况,甚至有的成为对学生的批斗大会,这种形式的家长会不但不能解决问题,反倒会激化亲子矛盾。学校是放大家庭对孩子影响的地方。孩子在家里被错误教养,在学校就会有各种不良表现,教师如果没有通过家长学校改变家长的教养方式,而是一味地改变孩子的行为,就会为家庭的错误"买单"。社会资源对家庭教育如何开展中学生理想信念教育的指导比较少,也不系统,责任不明确。如,家庭教育指导体系建设不完善,家庭教育指导机构少,社区家长学校开展力度小,等等。这些都是导致家庭教育不能有效实施的一些客观因素。特别是中国特色社会主义进入新时代,我国经济发展迅速,社会环境复杂多变,都会直接或间接地对青少年的理想信念产生一定的教育影响,而家庭教育如果不能与时俱进,就不能很好地起到教育的基础作用。

三、家庭教育实施理想信念教育的途径

通过前面所述的家庭教育对于中学生理想信念教育的重要性以及面临的现实困境,我们可以看出家庭对中学生进行理想信念教育是时代赋予家庭教育的重大使命。特别是《中华人民共和国家庭教育促进法》的颁布为家庭教育在理想信念教育中的重要地位提供了法律保障。新时代,针对中学生理想信念的教育,家庭教育应立足于中华优秀传统文化、革命文化和社会主义先进文化,深入探讨中学生理想信念教育的有效实施策略。

(一) 父母要以身作则、做好表率

家长必须担负起对子女进行理想信念教育的重任,而家长的知识阅历、视野境界直接影响着孩子的理想信念教育水平。良好的家庭教育有助于孩子确立对理想信念的清晰认知,坚定未来人生规划;对社会而言,有助于孩子将个人信念融入社会理想,弘扬良好的社会风气。因此,家长应在家庭教育中努力做好表率,发挥榜样示范作用。

在传统教育思想中,老子的"不言之教",孔子的"正人先正己",墨子"染于苍则苍,染于黄则黄"的"素丝"说,都是强调以身作则、潜移默化的道理。颜之推在对子女的教育中也采用以身示范的方法,主张家长要做好表率,以上示下。他在《治家》篇中说:"夫风化者,自上而行于下者也,自先而施于后者也。"所以在教育孩子时,家长应遵守道德规范,提高自身素养,这是家庭教育的前提和基础。在中学生理想信念教育中,家长要提升自身的素养,要有崇高坚定的理想信念,并坚持在日常生活中以身作则、言行一致,以实际行动为子女做出表率,这样孩子的理想信念能在潜移默化中得到提高。

家长除了要以身作则,还要做到相机而教。《颜氏家训》指出:"人生小幼,精神专利,长成已后,思虑散逸,固须早教,勿失机也。"相机而教既包括因时而教,也包括因势利导,因事而教。家庭中,对孩子的理想信念教育,家长也要做到因势利导,因事而教。比如,可以带孩子去观看理想信念教育题材的电影,参观红色教育基地,等等。在这些氛围渲染下,我觉得不需要过多的语言描述,孩子就容易产生共情,潜移默化地形成他们的世界观、人生观和价值观。现今大多数孩子的成长环境优越,受挫能力和抗压能力较差。家长可通过向孩子讲述理想信念教育的典型案例,激发孩子实现理想信念的意志力;适度为孩子安排挫折教育,通过科学合理的挫折教育,引导孩子直面挫折,促使其发奋图强,以朝气蓬勃的姿态追求人生理想。

加强中学生理想信念教育，家长要自觉行动，把品德教育作为家庭教育的核心内容，在家庭教育中突出"以德为先"。教育孩子爱党、爱国、爱人民、爱社会主义，培养家国情怀，培养良好的社会公德、家庭美德、个人品德和法治意识等。解决新时代下家庭教育中存在的问题，需要让品德教育回归家庭教育的核心地位。这与"立德树人"的现代教育理念具有一致性。家长要增强传承家教文化的自觉性，将中华民族传统美德潜移默化地融入日常家庭教育中，促进孩子的全面发展。家长对家庭教育的认识越自觉、越科学，家庭教育就越有效。作为父母，我们应该把好的道德品质展现给孩子，把满满的正能量传递给孩子。

（二）好家风助力理想信念教育

中华优秀传统文化源远流长、博大精深，这些绵延几千年发展至今的中华文明，深刻影响着当代中国的发展进步，深刻影响着当代中国人的精神世界。只有和文化融合的教育，才是真正的教育。吸取中华优秀传统文化，把青少年理想信念教育纳入家庭教育体系，在当下显得更为重要。

要深入挖掘中华优秀传统文化中的家庭教育资源，助力理想信念教育。千百年来，由中华文化滋润的中华家庭文化和家庭教育文化，成为中华民族生生不息、永续延绵的历史记忆和家庭教育的文化瑰宝。如，孟母三迁、岳母刺字、画荻教子、诸葛亮诫子格言、颜氏家训、朱子家训等都蕴含着丰富的道德资源，包含着家长对子女的殷切希望，凝汇了优秀的家教价值观念，这些传统的优秀家教文化丰富着现代的家庭教育文化。良好家风是孩子精神成长的重要源头。孩子要树立崇高的理想信念，家庭必须要树立良好的家风。父母要把好的道德品质传给孩子，把正能量传递给孩子，春风化雨、润物无声地影响孩子，帮助其坚定理想信念。

在对中学生进行理想信念教育时，家长还可以进行革命文化教育。革命文化是中国共产党团结带领各族人民浴血奋战，在中国革命的伟大实践中所创造的璀璨文化，是其坚定政治信仰的真实再现，是革命先烈们高尚道德品质的生动写照。新时代，要发挥红色革命文化在培育时代新人、推进中学生理想信念教育等方面的教化作用。家长可以通过讲述英雄人物故事、让孩子参观革命战役纪念馆等方式帮助孩子埋种英雄情结，学习革命气节。

家长在进行家庭教育时，需要把中华民族传承已久的优秀家教文化和优秀革命文化与孩子的理想信念教育相融合并赋予其新的时代内涵，对传统家教文化和革命文化进行创造性转化、创新性发展，更符合孩子的心理特点，更好地服务于孩子的理想信念教育。

（三）家庭、学校、社会形成合力，助推理想信念教育

学校、社会都要重视家庭教育在新时代中学生理想信念教育中的地位和作用，从多方面夯实这一基础工程，构建社会、学校、家庭协作协同协调，共建共育共享的大教育格局，形成教育"和谐共振"的新途径和新力量，形成整体性、系统性、一体化的协同育人体系。

1. 学校的配合是家庭进行理想信念教育的关键

长期以来，对中学生进行理想信念教育时，家庭教育和学校教育存在着界限不明、内容互补性差、要求不一致、方式方法单一等问题。为了中学生理想信念教育的贯通一致，需要推动家庭教育与学校教育相互配合、相互促进。

第一，明确家庭教育和学校教育的界限。《中华人民共和国家庭教育促进法》规定家庭教育的重点内容是立德树人。家长依法履行培育、引导未成年人道德品质、身体素质、生活技能、文化修养、行为习惯发展的职责。当前学校教育需要做的最要紧的工作，就是帮助家长缓解对孩子学习成绩的焦虑，使家长能够把家庭教育的重点聚焦于立德树人，促进孩子理想信念、身体等全面发展。学校要深化教育教学改革，通过改进教学方

式、提高课堂教学效率、提升教学管理水平，以教育教学实效消除家长对孩子学习的担心，特别是要消除家长对孩子学习成绩的"执念"，引导家长走出家庭教育简单化、短视化、功利化等误区。

第二，学校教育要和家庭教育相互配合，深化理想信念教育。进入中学阶段，学生大部分时间在学校学习，学校对中学生理想信念教育起着主阵地的作用。学校教育在提高学生学习成绩的基础上，创新中学生理想信念教育形式，加强校园文化、班级文化建设，注重"课程思政"建设，发挥思政课理想信念教育的优势，打造共同的情感纽带，强化中学生对共同体观念的认同感，引导中学生坚定正确的理想信念。

第三，家庭和学校要形成理想信念教育共识，形成教育合力。教育专家苏霍姆林斯基说过，"教育的效果取决于学校和家庭的教育影响的一致性"，两者"不仅要一致行动，要向儿童提出同样的要求，而且要志同道合，抱着一致的信念"。关于中学生的理想信念教育，家长要积极担负起教育者的责任，有效地配合学校开展理想信念教育，保持信念的一致性；学校可以根据学生实际，在坚持传统的家校联系形式之外，开办家长学校，结合实际，为家长提供更多、更好的教育方法，有效提高家校联系质量，实现父母与孩子共同进步、和谐发展，开创学校和家庭理想信念教育和谐发展的新局面。

2. 社会力量的协助是家庭进行理想信念教育的重要保障

第一，通过他律与自律的结合推动家庭教育高质量发展。2020年，全国妇联、教育部印发了《家长家庭教育基本行为规范》，2022年1月1日，《中华人民共和国家庭教育促进法》正式施行。不断完善维护家庭成员合法权益、促进家庭功能发挥的法律体系，为家庭教育如何开展提供制度保障。法律为家长赋能，有利于家庭将孩子的理想信念教育纳入家庭教育建设体系，保障孩子形成正确的理想信念。

第二，利用社会力量协助家庭的理想信念教育。家庭教育看似是一个小家庭的事，实际是一个系统的社会工程。要提高家庭教育质量，增强中学生理想信念教育，需要政府有关部门的重视和支持，帮助家长提高家庭教育素质，使理想信念教育更有效。居民委员会、村民委员会可以设立社区家长学校或者家庭教育指导服务站点，提供家庭教育指导服务等；有关社会主体可以提供多渠道的理想信念教育平台，如博物馆、战役纪念馆等。家长在对孩子进行理想信念教育时，可以通过带领孩子走访红色博物馆、英雄纪念馆、革命教育基地等方式，帮助其了解文物资源背后的历史故事，现场感受革命英雄为理想信念而奋斗的革命气节，加深青少年对历史文化的理解和认同，帮助其端正成长态度，坚定理想信念。

"家庭教育，给孩子深入骨髓的影响，是任何学校教育和社会教育永远代替不了的。"这是英国教育家洛克说过的一句名言。在新时代中学生理想信念教育中，家庭教育是学校教育和社会教育的基础，决定着学校教育和社会教育的成效。家长应该肩负起这份责任，正视面临的现实困境，结合中学生的心理特点，与学校和社会教育形成合力，实施有效的策略，帮助中学生坚定理想信念，做新时代中国特色社会主义的合格接班人。

第三节 社会环境因素

习近平总书记指出："心有所信，方能行远。面向未来，走好新时代的长征路，我们更需要坚定理想信念、矢志拼搏奋斗。"[1] 习近平总书记的重要论述，指明了坚定理想信念对于走好新时代长征路的重要意义。加强青少年理想信念教育，就要引导广大青少年用初心砥砺信仰、用理论坚定信念、用实践增强信心，努力成为担当民族复兴大任的时代新人。中国

---

[1] 吴琼. 心有所信，方能行远 [N]. 光明日报，2020-09-16 (7).

特色社会主义进入新时代，各种经济成分、利益主体和生活方式日益多样化，信息变革、理念变革和社会变革日益急剧化，思想观念、思维方式和思想内容日益异质化，这对人们特别是当代中学生的思想行为产生了巨大的影响。面对各种新矛盾、新问题，一些中学生感到迷惘困惑，对一些复杂的社会现象无法正确评判，中学生表现出来的这种思想状况实际上是由其缺乏明确而坚定的理想信念与价值标准而导致的。为培养坚定的理想信念，我们要研究探讨社会环境因素对新时代中学生的影响。社会因素是指社会上的各种事物，包括社会制度、社会群体、社会交往、道德规范、国家法律、社会舆论、风俗习惯等。这些社会因素是每一个中学生无法回避的社会环境，它们都会直接或间接地对中学生产生一定的教育效果，影响着中学生的身心发展。新时代背景下，分析社会环境因素对中学生理想信念的重要作用，显得尤为重要。

一、社会环境因素对中学生理想信念教育的影响

影响中学生理想信念形成的主要社会环境有经济环境、政治环境、文化环境、家庭环境、社会风气、社区环境和大众传媒等。这些因素对世界观、人生观、价值观正在形成的中学生既有积极影响，也有消极影响。

（一）经济环境对中学生理想信念的影响

1. 良好的经济环境和完善的经济制度有利于中学生更好地接受社会主义核心价值观理念

经济环境包括两个方面的内容：经济制度与生活条件。由经济制度决定的经济生活条件尤其是个人生活条件会对中学生的理想信念形成产生直接影响。[①] 中国特色社会主义进入新时代，在习近平新时代中国特色社会

---

① 董小甜. 浅析当前社会环境对中学生成长的影响 [J]. 农村经济与科技，2018，29 (6)：236—237.

主义思想的指导下，我国经济制度日益完善，人民生活水平不断提高。经济基础决定上层建筑，人们的经济生活条件好，生活日益改善，中学生的思想道德水平不断提高，对中学生形成良好理想信念和行为规范具有促进作用。统一开放、竞争有序的经济环境，使中学生形成与社会主义市场经济相适应的自主意识、竞争意识、诚信意识、平等意识等，促进中学生形成正确的价值观，有利于中学生塑造正确的理想信念和行为规范。

2. 以追逐利益为目的的经济环境不利于人生观、价值观的塑造

前面我们提到，经济环境会影响中学生的人生观、价值观、择业观的形成。由于我国当前正处于社会主义市场经济发展的初级阶段，市场运作法规和秩序不健全，加之市场自身的缺点以及各种不良思潮的冲击，使部分中学生的人生价值观向"自我"倾斜，不注重精神追求，只顾眼前的利益，目光不够长远，在这种环境下，中学生难以树立正确的金钱观，甚至会为了金钱走向歧途。随着改革开放的深入和社会主义市场经济的发展，加之少数媒介的舆论渲染和不正确引导，造成社会心态的躁动，有些人甚至还以高消费为荣，大肆挥霍。中学生的价值观念、消费观念也受到冲击和影响，少数中学生讲虚荣、穿名牌、互相攀比、追求高档消费，他们把高消费看作一种派头、一种个人价值的体现。社会主义市场经济体制主张发挥市场在资源配置中的决定性作用，有些中学生会误以为这就是可以随心所欲，不顾社会秩序和规章制度，不顾社会和他人利益，从而自由散漫，个人主义严重。

(二) 政治环境对中学生理想信念教育的影响

1. 有序的政治环境助推中学生的理想信念朝着社会要求的方向发展

政治环境包括两个方面内容：政治制度与政治状况。当前我国正处于加速建设社会主义现代化时期，为了发展社会主义民主，我国采取了一系列行之有效的政治制度，促进了社会主义民主政治建设。在党的领导下，

新时代我国的法治建设不断完善，在促进经济发展、维护公平正义、保障公民权利、确保国家权力行使等方面起了重大作用。风清气正的政治环境在很大程度上能对中学生的理想信念教育产生积极影响，政治环境的纯净可以使中学生形成良好的政治观念，使他们更加了解社会、了解政治、热爱祖国，从而让他们有序地参与政治生活。

2. 不完善的政治环境不利于理想信念教育的开展

完善的政治环境、有序的政治活动为中学生思想品德的发展提供了良好的社会政治条件。① 相关法律体系的不健全、政府责任的缺失，会影响中学生思想品德的发展和理想信念的养成。党的二十大报告中一共50次提到"教育"一词，如此高频，体现了国家对教育的重视，但是个别地方对教育的理解不够，很多时候只重视所谓的"政绩"，忽略了中学生思想品德的教育，更忽视了中学生理想信念教育。

(三) 思想文化对中学生理想信念教育的影响

人创造了文化，文化也在创造人，优秀文化能够丰富人的精神世界，增强人的精神力量，促进人的全面发展。文化引导人们认识真善美，为人们提供精神指引，提升全民族的文化素养。我们面对的文化有传统的和现代的、外来的和本土的、先进的和落后的、健康的和腐朽的、积极的和颓废的等。在人类历史的长河中，各种思想文化总是相互冲击、交汇融合，各种积极、健康、科学、先进的文化总是与消极、落后、愚昧、腐朽的文化相互比较而存在，相互斗争而发展。文化对人的影响具有潜移默化、深远持久的特点。健康有益的文化能够丰富人的精神世界，增强人的精神力量，促进人的全面发展；落后、腐朽的文化容易蚕食人的精神世界，腐蚀人的精神动力。中学生涉世不深，辨别是非的能力有待提高，世界观、人

---

① 董小甜. 浅析当前社会环境对中学生成长的影响 [J]. 农村经济与科技，2018，29（6）：236—237.

生观和价值观尚处于形成阶段，个别中学生容易受到不良文化的影响，变得不思进取、贪图享受，更不用说为中华民族伟大复兴贡献自己的力量了。所以我们要大力发展先进文化、健康有益的文化，弘扬主旋律，传播正能量，塑造良好的社会风气。马克思认为："人创造环境，同样环境也创造人。"所以社会风气本身就是一种无形的教育力量，潜移默化地影响着中学生的思想。好的社会风气会催人奋进，陶冶人的情操。而不好的社会风气则会使人萎靡消沉，扭曲三观。中学生正处在身体和心理状况不稳定、不成熟的发育时期，所以在理想信念形成的拔节孕穗期，社会风气起着基础性的作用。

（四）家风的影响

家风是社会风气的重要组成部分。良好的家风是一个人精神成长的重要源头，而父母责任缺乏的家庭环境则不利于孩子养成正确的理想信念。家庭不只是人们身体的住所，也是人们心灵的归宿。习近平总书记在谈到家风时强调，"家风好，就能家道兴盛、和顺美满；家风差，难免殃及子孙、贻害社会。正所谓'积善之家，必有余庆；积不善之家，必有余殃'。诸葛亮诫子格言、颜氏家训、朱子家训等，都是在倡导一种家风。毛泽东、周恩来、朱德同志等老一辈革命家都高度重视家风。"[①] 家风是一代一代传承下来的。从历史上看，那些传承久远的世家大族，往往是因为他们的家风、家训，在清白做人、诗书传家、纯真质朴、拼搏进取等方面，具有超越地域和时空的永恒的价值，这些家风、家训被他们的儿孙像接力棒一样，一代代地传了下来。家庭是孩子的第一所学校，也是一个人精神成长的重要源头，家庭教育是潜移默化的，但它也是最基础和最坚固的，它奠定了我们人生的底色。正直、善良、有崇高追求的父母会培养出积极

---

① 习近平. 在会见第一届全国文明家庭代表时的讲话 [N]. 光明日报，2016 - 12 - 16 (2).

上进的好孩子；而那些好吃懒做、惯于偷机取巧的父母就没有理由责怪孩子没有上进心了。家风之可贵是我们怎样强调都不为过。良好的家庭氛围和和谐的家庭成员关系对中学生形成正确的理想信念和规范的行为起着积极促进作用。

(五) 社区环境的影响

社区环境对中学生形成理想信念的影响是直接、迅速的。中学生的生活点滴、学习锻炼、休闲娱乐很大部分都是在社区中进行的。优良的社区生活秩序有助于中学生良好生活习惯的养成，社区成员的品德、爱好、行为习惯也会潜移默化地影响中学生的心理和行为。安全祥和的社区环境有利于引导中学生形成优良品德，和谐友善的邻里关系有助于中学生培养和践行社会主义核心价值观，从而形成崇高的理想信念；而混乱的社区环境不利于中学生形成优良品德。古有孟母三迁，在当今时代，要更加重视社区文化环境的建设，为中学生身心健康和理想信念的形成创造良好的条件。

六、网络环境的影响

在当今这个信息爆炸的时代，大众传媒对中学生的影响是巨大的。网络是当今中学生获得信息的主要来源之一，其影响可以说是除了家庭和学校之外最大的阵地。风清气正的网络环境有利于中学生健康成长，而不健康的网络环境则不利于中学生形成坚定的理想信念和信仰。网络信息良莠不齐，一部好的作品、一则好的新闻，都会给中学生带来有益的知识和健康的审美，能够帮助中学生树立正确的价值观。但是一些三观不正、内容低俗、黄色暴力的信息则会使中学生迷失方向，把他们引向堕落的深渊。另外，随着影视传媒的发展，媒体对明星大肆宣扬，中学生容易出现疯狂"追星"现象。中学生有了自己喜爱的明星，便会刻意模仿他们的举止打扮，更有甚者会把明星的一句话当作自己的信仰和人生格言。因此大众传媒对中学生价值观的形成、理想信念的树立起着至关重要的作用。习近平总书记强调："培育积极健康、向上向善的网络文化，用社会主义核心价值观和人类优秀文明成果滋养人心、滋养社会，做到正能量充沛、主旋律高昂，为广大网民特别是青少年营造一个风清气正的网络空间。"① 健康的网络文化有利于帮助青少年树立坚定的理想信念，增强政治敏锐性和鉴别力。在当今时代，对中学生的教育也要因时制宜，要广泛展开理想信念教育，不断弘扬民族精神和时代精神，推出更多优秀影视和娱乐作品，挖掘和宣传充满正能量的楷模和榜样来加强对青少年学生的引导作用。

二、社会环境助推理想信念教育的实施途径

社会环境对中学生理想信念的形成、发展有巨大的影响。良好的社会环境能起到教育人、鼓舞人、塑造人的作用，对中学生理想信念的形成和发展产生积极的影响，而不良的社会环境会导致一些中学生失去崇高信仰，变得道德失范、品质恶劣，甚至走上犯罪道路。因此，完善优化社会环境，消除社会环境的消极影响，就显得尤为重要。完善社会环境，就是充分利用社会环境中的积极因素，把环境中的消极因素转化为积极因素，使多种环境因素形成合力，充分发挥社会环境对中学生理想信念形成和发展的积极作用。这是一项长期的、艰巨的任务。

（一）优化社会环境，促进中学生正确理想信念的形成

社会环境分为经济环境、政治环境、文化环境、网络环境、社区环境、学校环境、家庭环境等。这些环境因素都会影响到中学生理想信念的形成，我们要优化社会环境，促使中学生形成坚定理想信念、良好品德规范。对于社会环境的优化，国家要加强法治建设，完善相关法律法规制

---

① 习近平. 在网络安全和信息化工作座谈会上的讲话［N］. 人民日报，2016 - 04 - 26（2）.

度，加强管理。在经济环境方面，要努力完善社会主义市场经济体制，促进生产力的持续、快速、健康发展。在政治环境方面要持续推进政治体制改革，完善政治制度，加强民主法治建设。在文化环境方面应当引导中学生形成同经济体制改革、政治体制改革相适应的新的思想观念和新的文化观念。要用科学理论武装中学生，用优秀的作品鼓舞中学生，努力繁荣文学艺术事业，抓好文化市场的建设和管理。在网络环境方面，要引导中学生提高自身素质，提高辨别是非的能力，这样才能对各种信息进行甄别，才能自觉抵制不良信息的诱惑。在学校环境方面，要净化学校周边环境，塑造良好的校园风气。在社区环境方面，要优化社区环境，健全管理机制。在家庭环境方面，要优化家庭环境，提高家长自身素养。

(二) 建立学校、家庭、社会一体化的优良环境

《中共中央关于改革和加强中小学德育工作的通知》中指出："关心和保护中小学生健康成长，不仅是教育部门和学校的职责，而且是全社会的责任和义务。要把社会和家庭教育同学校教育密切地结合起来，形成全社会关心中小学生健康成长的舆论和风气。"[1] 新时代，中学生的理想信念的养成要综合统筹各类社会资源，构建社会、学校、家庭紧密结合的育人合力。家庭教育是启蒙，学校教育是主阵地，而社会教育则是学生接受熏陶和实践更为广阔的天地。我们可以综合利用社会上各种教育资源对学生展开社会主义核心价值观的教育和体验践行。例如：社区劳动实践、企事业单位的职业体验、家长学校，以及社会知名人物的入校讲座等。这些都是教育中学生的有效形式，通过这些形式有助于激发中学生实现人生理想的动力。只有社会各方上下齐心，才能给中学生打造一个良好的成长氛围，帮助中学生形成正确的价值观，树立远大理想、坚定理想信念。

---

[1] 中共中央关于改革和加强中小学德育工作的通知 [J]. 人民教育，1889 (2).

(三) 融入社会实践，积极搭建实践平台

社会环境能够提供坚实的实践基地。课堂上学到的知识，只有落实到实践中才能真正做到把知识内化于心，外化于行。我们要建设德育基地和爱国主义教育基地，引导中学生走进革命纪念馆、红色文化展览馆、历史博物馆等，深切感悟老一辈革命家为了革命理想英勇牺牲的精神力量。比如，通过参观红色革命纪念馆和革命遗址，加深中学生的革命情感，增强对中国特色社会主义事业的政治认同和建设社会主义的责任感和使命感。例如，2021年济南一中王慢丽老师开启了思政课的创新形式，在实践中教学，通过带领中学生参观校内的邓恩铭广场，由中学生作为红色宣讲员，向大家讲解校友邓恩铭烈士的事迹，从而让中学生了解他身上具有的可贵品质。然后利用校外的实践教学基地济南战役纪念馆开展教学，采用基地讲解人员讲解和教师授课相结合的方式，组织中学生到基地参观学习，了解济南战役的全过程，从而让中学生了解济南战役所反映的济南战役精神，感受中国人民是具有伟大创造精神、伟大奋斗精神、伟大团结精神和伟大梦想精神的人民，使中学生更好地感受到中华民族精神的重要性。这种创新的教学形式不仅加深了中学生对课本知识的了解，更增强了理想信念教育的灵活性和实效性。除此之外，参观历史博物馆可以让中学生更好地感受到中华优秀传统文化的博大精深、源远流长。暑期志愿服务、调查研究等服务性社会实践，让中学生在服务他人、奉献社会的过程中以知促行、以行求知。我们还可以通过探索校企协同育人模式，让中学生进入企业或者社区进行职业体验和劳动体验，增强中学生的劳动情感；举办各种志愿活动，培养中学生的集体意识和奉献意识，增强中学生的爱国热情。社会环境因素对中学生理想信念的培育能够提供广泛的物质基础，理想实践活动的开展离不开社会环境的支持。

（四）利用社会环境形成强大的价值导向，推动中学生形成崇高的理想信念

在社会主义革命和建设时期，无数仁人志士受到社会大环境的影响，立志报效祖国、献身革命。如我国著名外交官、新中国第一批外交家章曙，他亲身经历列强对祖国的侵略，看到了战争的残酷，在民族危亡时刻的国仇家恨在他的心中汹涌激荡。他想到无数劳苦大众在三座大山的压迫下过着缺衣少食、朝不保夕的生活，救国救民的政治热情就在心中难以抑制。最终他选择投身革命事业，为新中国的外交事业鞠躬尽瘁。对中学生进行理想信念教育，还必须发挥榜样的示范作用，树立价值标杆。榜样的力量是无穷的，各行各业涌现出的道德模范、"时代楷模"、先进典型，他们的感人事迹和道德风范生动地诠释和体现了社会主义核心价值观，具有强大的震撼力和感召力。青年五四奖章、最美青工、最美少年、优秀团员、优秀少先队员，这些荣誉的获得者不是遥不可及的，而是中学生可亲可信可学的榜样。他们彰显了社会向上向善的正能量，是理想信念教育最鲜活的教材、最直观的标杆，能汇聚强大的示范力，给中学生以心灵触动，引领其"向学""看齐""争先"，从而使理想信念教育鲜活起来，引领更多中学生崇德向善、见贤思齐、争当先进。

社会环境复杂多变，人生活在复杂的社会中，必然会面临各种思想和多元化因素的冲击。坚持正确的理想信念，用正确的价值观指导自己，才能明辨是非，排除外界干扰。理想信念体现了人们对美好生活的向往和追求，是人生的奋斗目标，也是推动人们前进的强大动力。理想指引人生方向，信念决定事业成败。[1] 一个人能否坚持崇高的理想信念，以勇毅笃行的行动执着追求，决定了他们人生价值能否达到一定的高度。一个人没有

---

[1] 周家亮. 哲学与文化教育［M］. 济南：山东人民出版社，2020：199.

理想信念，或理想信念不坚定，他精神上就会"缺钙"，就会得"软骨病"，就不可能承担时代所赋予的历史重任。青少年的价值取向决定了未来整个社会的价值取向，人生的扣子从一开始就要扣好。青少年只有坚定对马克思主义的信仰、对中国特色社会主义的信念、对实现中华民族伟大复兴中国梦的信心，牢固树立和自觉践行社会主义核心价值观，将其作为人生的根本遵循，勤学以增智、修德以立身、明辨以正心、笃实以为功，才能成就自己别样精彩的人生。

第五章　新时代中学生理想信念教育实施路径与策略

第一节　充分发挥思政课关键课程的作用

2013年，习近平总书记在全国宣传思想工作会议上强调："宣传思想工作就是要巩固马克思主义在意识形态领域的指导地位，巩固全党全国人民团结奋斗的共同思想基础。"在新时代，不断增强意识形态工作的吸引力，使马克思主义意识形态话语权处于主导地位，这是思想政治教育的核心任务，也是维护国家意识形态安全的关键所在。思政课程是传播马克思主义理论、坚定"四个自信"和做到"两个维护"的主战场。马克思主义是我们立党立国的指导思想，中国特色社会主义道路、理论、制度和文化是当代中国发生历史性变革和取得历史性成就的重要原因和内在动力，坚持中国共产党领导是中国特色社会主义最本质特征，中华优秀传统文化、革命文化、先进文化、中国梦、时事政策教育等构成思政课程的主要内容，也是新时代中学生理想信念教育的主要内容。然而，占主导地位的思想不会天然地出现在学生的头脑中，必须充分发挥思政课关键课程的领航作用，引导学生对主导思想在认知基础上产生认同，在认同基础上产生信念，在信念基础上自觉践行，社会才能稳定发展。

当前，要加强新时代中学生理想信念教育，应该牢牢牵住思政课这个"牛鼻子"，以此盘活整个中学思想政治工作的大棋局，当然也要将培养德才兼备、全面发展的社会主义建设者和接班人作为育人的最终目标。

一、充分发挥思政课关键课程作用的必要性

（一）坚持思政课关键课程的方向引领

充分发挥思政课关键课程作用的首要价值在于确保新时代加强中学生理想信念教育的正确方向。邓小平同志指出，"学校应该永远把坚定正确的政治方向放在第一位"[①]。我国高等教育发展方向坚持"四个服务"，即为人民服务，为中国共产党治国理政服务，为巩固和发展中国特色社会主义制度服务，为改革开放和社会主义现代化建设服务。因此，思政课程建设也必须坚持正确的政治方向，力担"四个服务"时代使命，落实立德树人根本任务，坚定学生的理想信念。而在落实立德树人根本任务、坚定学生的理想信念方面，思政课不仅是灵魂性课程、关键性课程，还在整个课程体系中发挥着政治引领和价值引领作用。因此，坚持思政课关键课程的方向引领，有利于确保新时代加强中学生理想信念教育的正确方向，确保社会主义中学生培养目标的顺利实现。

新时代加强中学生理想信念教育的正确方向就是马克思主义的方向，马克思主义理论就是最彻底、最本质的理论。坚持思政课关键课程的方向引领，就是让思政课教师必须抓住马克思主义理论的本质，要"以透彻的学理分析回应学生的关切，以彻底的思想理论征服学生，用真理的强大力量引导学生"[②]。因此，思政课教师要以马克思主义理论为指导，系统学

---

① 邓小平. 邓小平文选（第二卷）[M]. 北京：人民出版社，1994：104.
② 习近平. 习近平谈治国理政（第三卷）[M]. 北京：外文出版社，2020：330.

习、潜心钻研，力争在一些重大现实问题和热点难点问题的研究上有所突破，用高质量的科研成果反哺教学；要潜心研读马克思主义经典，辩证地看待其历史局限，用发展的眼光挖掘其中蕴含的当代价值；要学精悟透用好习近平新时代中国特色社会主义思想，用马克思主义中国化时代化最新理论武装头脑，指导教学实践，以实现思政课政治性与学理性的统一。

如今，广大思政课教师应认真贯彻习近平总书记在学校思想政治理论课教师座谈会上的重要讲话精神，充分发挥思政课在落实立德树人根本任务中的关键课程作用，坚持以习近平新时代中国特色社会主义思想铸魂育人，理直气壮开好思政课。深入贯彻新课程理念，善用"大思政课"，课堂教学紧密联系现实生活，讲好中国故事，讲好身边的故事，要做到高境界、接地气、有活力，实现课堂质态的提升，把思政课上得生动活泼，温润学生心灵，真正让学生入耳入脑入心。

（二）有助于提升思政课程的创新活力

新时代中学生理想信念教育，要充分发挥思政课关键课程作用，也要发挥其他学科思政的作用，这个过程就是思政课程从其他学科课程汲取养分、焕发新生的过程。

一方面，新时代中学生理想信念教育，要充分发挥思政课程的关键课程作用，从而使得思政课程在领航其他学科"课程思政"建设过程中，面临育人质量和成效的对比甚至竞争，进而激发作为领航者的思政课程的创新活力和发展动力。

另一方面，新时代中学生理想信念教育，要充分发挥思政课程的关键课程作用，本身就是思政课程与其他学科"课程思政"建设交流互鉴的过程。多种学科、多样课程就会带来交流碰撞，交流碰撞就会孕育交叉融合，交叉融合就会驱动创新发展。各类课程能为思政课程提供多维的学科视角、丰富的知识框架、生动的话语体系和多元的教学方法，为思政课程的创新发展注入不竭能量。

（三）整体构建良性的课程生态体系

加强新时代中学生理想信念教育，须构建充分发挥思政课关键课程作用与其他学科"课程思政"协同育人的同向同行的良性课程生态体系。在这个良性课程生态体系中，各类课程各在其位、各谋其职、相辅相成、相互促进。要整体构建这种良性的课程生态体系，首先就要克服现有的思政课程育人孤立、其他课程育人缺位的课程生态，克服思政专业课程与思政课程"混同化"和思政课程"弱势化"的态势。

在新时代加强中学生理想信念教育方面，充分发挥思政课关键课程作用，有利于中学生思政教育课程生态重构。一是有利于形成各学科"课程思政"的育人自觉，形成"课程思政"的全方位育人。二是有利于系统布局、整体协同，全员育人、全过程育人，既能发挥思政课程对"课程思政"的引领、示范和辐射作用，又能发挥"课程思政"对思政课程的学科支撑、理论支撑、技术支撑和队伍支撑作用，从而促进思政课程与"课程思政"的双向滋养、共同提升，建构起各类课程相互联通、共建共享、同频共振、和谐共生的思想政治教育课程生态，实现显性教育和隐性教育相统一。

（四）促进新时代中学生理想信念教育的有效实施

加强新时代中学生理想信念教育，不仅能倒逼思政课程的改革创新，实现自我革新、自我超越，而且还能促进"课程思政"的全面建设，使"课程思政"的有力配合成为促进新时代中学生理想信念教育有效实施的关键外部因素，进而达到育人和育才的目的。一方面，充分发挥思政课关键课程作用，能直接提高中学生理想信念教育水平，能够在思政课程和各学科"课程思政"的双向提升、共同进步中，促进各学科在价值引领、知识传授、能力培养三个维度上交互渗透、高度融合、整体增效，从而直接提高中学生理想信念教育水平,进而达到育人的目的。另一方面,充分发挥思政课关键课程作用,还能提高各课程的育才境界。中学生的德、智、体、美、劳是相互依存、相互制约的,新时代中学生理想信念教育的水平提高了,对中学生学习和运用科学文化知识的方向、能力和效度都有重要促进作用,进而提高育才的境界。

二、充分发挥思政课关键课程作用的有效路径

(一)聚焦对思政课教师队伍"主力军"的角色引领

习近平总书记指出,"办好思想政治理论课关键在教师"[1]。干好工作关键在人。思政课教师是开展思想政治教育的专业团队,也是落实理想信念教育的中坚力量,承担着"给学生心灵埋下真善美的种子"的重任。充分发挥思政课关键课程作用,就是要聚焦对思政课教师队伍"主力军"的角色引领作用,让有信仰的人讲信仰,让有理想信念的人讲理想信念。

1. 深入研究思政课程中理想信念教育的教学规律,明确思政课教师的育人角色

思政课有着自己的教学规律,思政课中理想信念教育也有着自己的教学规律,它们都是客观存在于思政课教学实践活动过程中,不以人的主观意志为转移的各种要素之间的本质的必然的联系。深入研究思政课程中理想信念教育的教学规律就是研究学生的认知能力,处理好直接经验和间接经验的关系,使学生把学习书本的间接理性知识与实践中的直接感性知识有机结合,从而提升运用知识解决实际问题的能力。思政课教师要深入研究思政课程中理想信念教育的教学规律,明确自己的育人角色,不能只做传授书本知识的教书匠,而要成为塑造学生品格、品行、品位的"大先

---

[1] 习近平. 思政课是落实立德树人根本任务的关键课程 [J]. 求是, 2020 (17): 5—14.

生"，既要做"经师"，更要做"人师"，要培育学生的政治认同、国家意识、人文情怀等素养，要有育人的荣誉感和责任感，促进学生把掌握思想政治理论知识与培养理想信念、站稳政治立场、提升情感体验相统一；要研究教师主导性作用与学生主体性作用相统一的关系，思政课教学是师生共同进行的互动性交往活动，正确认识并妥善处理教学过程中的师生关系，促进师生课堂互动、思想互通、情感共鸣是提升思政课亲和性的重要保障，也是新时代加强中学生理想信念教育的必然路径。

2. 深入研究中学生在理想信念教育中的身心发展规律，提升思政课教师的育人素质

思政课教师要研究中学生身心发展的顺序性、阶段性规律，注重课程内容的衔接性，注重理想信念教育的无缝衔接性，促进思政课教学循序渐进；要研究中学生身心发展的稳定性、可变性规律，结合理想信念教育的内容，适当调节教学内容和教学方法，激发学生的发展潜能；要重视中学生身心发展的不平衡性等规律特点，抓住中学生成长关键期，青少年阶段是人生的拔节孕穗期，青少年最需要精心引导和栽培，思政课教师要注意把握教育火候，促使教学效果事半功倍；要适应中学生发展的个别差异性，实现有的放矢、精准施教等。思政课教师只有认真研究这些规律，提升育人素质，对中学生的思想认识水平、思想政治素质、理想信念情况有科学的剖析与清醒的认识，才能因材施教，最终实现教育目的。

另外，思政课教师在课堂里要密切关注中学生心理及其情绪变化，激发并保持中学生积极昂扬的心理状态，调整和消弭中学生消极萎靡的心理和情绪。如果忽视中学生的心理变化，没有采取灵活多变、丰富多彩的调节手段，要么课堂死气沉沉，要么师生各行其是。因此，有效、高效的思政课堂，一定是说理透彻，能够直击心灵的，而没有细致入微的心理观察及其正确有效的应对调适，就没有思政效能可言。

3. 深入研究思政课程与理想信念教育耦合规律，提升思政课教师的育人能力

思政课里不全是理想信念教育的内容，这就要求思政课教师有合理选材的能力、巧妙衔接和融合的能力、微项目或微专题的设计和实施能力。首先，思政课教师要有合理选材的能力。思政课程中的理想信念教育内容丰富、案例众多、范围广泛。什么是最适合学生的？什么是最贴近学生的？什么是最能感动感化学生的？哪些案例能用，哪些案例不能用？这要进行合理的选材，要合乎学生身心成长之理、合乎学生感情转化之理、合乎思政学理及社会生活常识之理。其次，思政课教师要有巧妙衔接和融合的能力。思政课教师要架起思政课程中理想信念教育内容与学生思想情感沟通的桥梁，瞄准时机、抓住机会、因势利导、因材施教，把思政课程中理想信念教育的内容渗透学生心灵、植入学生灵魂、融入学生血液，让其内化于心、外化于行。融合的关键在于渗透，要把握好渗透的科学方式与恰当时机。最后，思政课教师要有微项目或微专题的设计和实施能力。思政课既要有惊涛拍岸的声势，也要有润物无声的效果，这是教育之道。思政课中的理想信念教育既要有深刻精准的学理阐释，又要有常变常新、形式多样的微活动、微专题、微项目、微任务，让学生有事可做、有话可说、有脑可动、有情可感。这就要求思政课教师具有微项目或微专题等的设计和实施能力，巧妙设计、精心组织、有效实施。

4. 深入研究理想信念教育与中学生成长发展的规律，提升思政课教师的育人方式

要加强新时代中学生的理想信念教育，思政课教师就要结合中学生成长发展的规律，千方百计寻找到学生的关注点、兴奋点、痛点和笑点，与学生达成思想感情的共鸣；需要准确把握脉搏，找准对接点，并与此有机对接、有效沟通、有力引导。在此过程中，思政课教师要努力融入学生之

中，消除"代沟"以及其他"傲慢与偏见"。思政课教师要注意与学生的沟通方式，既不能都用严肃严厉训诫的口吻说话，更不要以官方生硬或机械演讲的风格进行教学，应把理想信念的政治语境转换成大众化、通俗化的语言，转换成接地气的表达，把训诫的口气转换成平等亲切的交流口气。2019年3月18日，习近平总书记在学校思想政治理论课教师座谈会上提出，要"让思政课成为一门有温度的课"。思政课教师要坚守德国哲学家雅斯贝尔斯所说的"一棵树摇动另一棵树，一朵云推动另一朵云，一个灵魂唤醒另一个灵魂"的教育情怀，与学生亦师亦友、教学相长，润物于无声、化育于无形，从而达成情感心理、思想认识、政治认同、理想信念的契合。思政课教师要勤于思考、换位思考，认真考量分析新时代中学生在人生追求、政治倾向、道德自律、职业理想、人际交往、学业水平、课程视听及实践活动等方面的优势及不足，做到坚守职业底线、坚守理想信念，将心比心，将理想信念教育寓于知识传授之中，做到文以化之、文以铸之。

(二) 加强对"课程思政"建设"主战场"的布局引领

在新时代加强中学生理想信念教育的过程中，应该是思政课程与"课程思政"协同发展、同向同行的过程，实现所有中学课程的"共舞中共振"效应。思政课程领航"课程思政"，让思政课程成为"排兵布阵"的"主战场"，发挥思政课的"群舞中领舞"作用。我们要构建科学立体的课程思政体系，包括思想政治显性课程和思想政治隐性课程，两位一体实现全课程育人，而思政课程对"课程思政"体系的整体布局和设计开发具有重要引领作用。树立"课程思政"理念，强调理想信念教育应具备360度"大熔炉"的合力作用。

1. 思想政治教育显性课程——思政课

思政课在中国特色社会主义教育体系中具有重要地位，习近平总书记站在全局的战略高度，把思政课建设摆在治国理政突出位置，指出，"思想政治理论课是落实立德树人根本任务的关键课程。思政课作用不可替代"①。在中学阶段，思想政治教育显性课程就是初中阶段的道德与法治，高中阶段的四个必修模块，包括《中国特色社会主义》《经济与社会》《政治与法治》《哲学与文化》，以及三个选择性必修模块《当代国际政治与经济》《法律与生活》《逻辑与思维》；另外，还有各个学段的《习近平新时代中国特色社会主义思想学生读本》。思政课作为显性教育课程，应在新时代中学生理想信念教育中充分发挥其引领作用，充分发挥马克思主义理论教育、中国特色社会主义教育、中华优秀传统文化教育、革命文化教育、先进文化教育、中国梦教育、时政教育的灌输和引导作用，充分发挥党史、新中国史、改革开放史、社会主义发展史等"四史"的渗透作用，厚植井冈山精神、长征精神、"两弹一星"精神、抗震救灾精神、抗疫精神、伟大建党精神等伟大精神，用党的实践创造经验和历史经验启迪中学生的智慧，强化他们的理想信念，砥砺他们的优秀品格。

2. 思想政治教育隐性课程——"课程思政"

习近平总书记指出："要用好课堂教学这个主渠道，思想政治理论课要坚持在改进中加强，提升思想政治教育亲和力和针对性，满足学生成长发展需求和期待，其他各门课都要守好一段渠、种好责任田，使各类课程与思想政治理论课同向同行，形成协同效应。"② 这里，强调发挥其他各门学科的育人作用，我们叫作"课程思政"。"课程思政"是加强中学思想政治工作和新时代理想信念教育的需求，是推动实现"全员、全过程、全方位育人"三全育人的必然要求。新时代中学生理想信念教育应通过

---

① 习近平. 在学校思想政治理论课教师座谈会上的讲话［N］. 人民日报，2019 – 03 – 19.
② 许涛. 构建课程思政的育人大格局［N］. 光明日报，2019 – 10 – 18.

"课程思政"用好课堂、用足课堂培养学生"格物、致知、诚意、正心、修身、齐家、治国、平天下"的成才之道,"为天地立心,为生民立命,为往圣继绝学,为万世开太平"的使命担当。各科教师要重视传扬,常讲、多讲理想信念教育的内容,激励学生勇担历史使命,使价值内涵落地扎根,融入每一个学生的头脑,滋养其精神。因此,推动中学生理想信念教育需要多科教师相互配合,以达到"在价值传播中凝聚知识底蕴,在知识传播中实现价值引领"的育人目的。

(三)聚焦对思政课堂教学"主渠道"的建设引领

1. 精选思政课教学资源,注重教育节点

推动中学生理想信念教育需要依托课程标准和教材,精选思政课教学资源。不断拓展教材的时代内容,把习近平总书记系列重要讲话、党和国家新出台的方针政策等贯穿其中。推动中学生理想信念教育需要选取鲜活案例,注重节点教育,充分利用重大节日、重大纪念日、重大活动和重大事件节点进行教学,提升教学资源的说服力和感召力,促进思政课堂教学"因事而化、因时而进、因势而新"。推动中学生理想信念教育需要利用校本资源,进行校本文化教育。每个学校都有自己专属的人文底蕴和思想精华,都是优秀的教学资源,利用身边的资源,更易于激发学生情感、产生思想共鸣。

2. 创新思政课教学模式,营造新的教育生态

推动中学生理想信念教育,需要创新思政课教学模式,做到课堂、社会等各种教育力量的相互补充、深度融合。

一是创新思政课课堂教学模式。以山东省实验中学李青青老师执教的"习近平新时代中国特色社会主义思想"课为例。首先,她采用议题式教学,力争"首尾相呼应",设置了一个总议题、三个子议题,并围绕三个子议题设置了若干个探究思考问题。其中,总议题和子议题的设置采用

的是"总分"的形式，围绕一个主题，让学生逐步展开思考；子议题和其下设问题则采用的是"递进"的形式，引导学生在问题背景下，层层递进展开思考，由浅入深进行探究。通过这种方式，真正落实"议题式教学"的要求。其次，落实学科核心素养，做到"润物细无声"。通过展示发展成就、呈现时代背景等方式，增强学生的政治认同；通过观点辨析驳斥、比较理论异同等方式，培养学生的科学精神；通过召开主题班会等方式，引导学生树立积极参与国家建设的主人翁意识和担当精神。我们通过这一堂课，不仅能让学生掌握习近平新时代中国特色社会主义思想的相关知识，更能在潜移默化中提高学生的政治学科核心素养，真正做到"润物细无声"。最后，搭建探究平台，实现"教师搭台学生唱戏"。学生永远是课堂的主体，学生只有真正以"主人"的身份参与课堂，才能真正"有所思、有所悟、有所得"。本节课，教师在深入了解学情的基础上，采用了生动多样的教学方式，通过提供丰富的案例材料、设置开放式的探究问题，给学生创造了打开思维空间、畅所欲言的机会，实现了"课堂热闹"与"思维活跃"的有机统一。

二是思政课走到社会实践中去。思政课教师要注重实践调研、志愿服务、职业体验等，给学生提供更多参与社会实践的机会，让学生在切身体验中树立正确的价值观，加强理想信念教育。从学校走向社会，社区是推动中学生理想信念教育的重要载体，未来的教育模式应该是"学校在社区里，社区在学校中"，是家校社区一体的育人模式，如济南市思政学科近几年推行的"行走的思政课"，由思政课教师组织学生去博物馆、红色教育基地、烈士陵园、法庭等，改变了传统的课堂教学模式，营造了新的教育生态。

三是思政课走到网络媒体中去。随着智能时代的到来，教育载体的广度不断拓展，我们实行"双线教学、混融育人"模式，线上线下融合、机师人师协同育人将是时代大势，推动传统型学习向现代智慧型学习转变将是未来思政课教学革新的方向。智能时代，思政课教师要利用现代信息技术，建设虚拟仿真中心，设计更多教学情境，让学生身临其境、沉浸其中，增强思政课感染力；通过开发 App 程序，让学生在闯关升级、比赛竞争中融入理想信念教育元素，寓学于乐。

3. 优化思政课程教学评价，强化学生理想信念

当下，以考试结果为主的评价模式已经难以适应学生全面发展的需求，从顶层到基层，都要根据思政课程教学培养目标和中学生理想信念教育的内容，努力推动多层次、多方面、立体化教学评价体系的构建，兼顾教学过程与教学结果，形成完善的课程教学反馈体系，以充分发挥评价机制的考核、导向与激励作用。教师可以采用自我评价、交互评价、常规评价、定向评价、过程评价等方法；学生可以利用自评、教师评价、学校评价、社会评价等方式，全面反映其理想信念教育的结果。

第二节　注重发挥其他学科德育渗透的作用

"课程思政"既是思想政治教育的一种理念，也是一种思想政治教育的方法和教学体系。它将思想政治教育的内容融入学生的整个学习过程，发挥着润物细无声的隐性教育功能，担负着新形势下加强和改进思想政治工作的重要职责。在新时代中学生理想信念的塑造过程中，思政课程的显性教育和"课程思政"的隐性教育相辅相成，缺一不可。在中学阶段，"课程思政"的隐性教育作用通常也被称作德育渗透作用。下面就部分课程在理想信念教育中发挥的德育渗透作用作一下简要分析。

一、积极发挥历史学科德育渗透的作用

历史是最好的教科书。随着《普通高中历史课程标准（2017 年版

2020 年修订)》的颁布，核心素养的培养，尤其是家国情怀的培养，是历史学科五大核心素养中最重要的历史核心价值观，也是爱国主义教育的一种体现形式。课程标准明确指出历史课程最基本和最重要的教育理念，是使历史教育成为学生形成和发展学生社会主义核心价值观的重要途径，要增强学生的历史使命感，不断增强学生对伟大祖国的认同、对中华民族的认同、对中华文化的认同、对中国共产党的认同、对中国特色社会主义道路的认同，进而坚定学生的理想信念。

（一）拓展基础课程教学，渗透家国情怀教育

历史教材是教学活动开展的基础，同时也是家国情怀教育的主要载体，尤其是当前的国家统编版高中历史教科书，包含了大量的具有极大历史教育价值的宝贵素材、史料等。

1. 中国古代史中自强不息的民族精神

中国古代史中的民族精神主要体现为以人为本的人道主义精神，团结统一、爱好和平的和谐意识，生于忧患、死于安乐的忧患意识，与时俱进、自强不息的进取精神，有容乃大、开放包容的博大胸怀，天下为公、大同小康的社会理想，洁身自好、百折不挠的崇高气节，敦厚守信、忠于职守的诚实态度，舍生取义、勇于牺牲的英雄精神，尊老爱幼、孝敬父母的孝道传统，等等。"社会主义核心价值观，说到底是民族精神栖居的家园。……当下，对青年一代的理想信念教育应继承优秀传统文化资源，着力抓住本根来培元，不断增强中华民族的凝聚力量，铸牢精神支柱。"[①]

2. 中国近代史中救亡图存的民族意识

习近平总书记在庆祝中国共产党成立 100 周年大会上的讲话中指出，"中华民族是世界上伟大的民族，有着 5000 多年源远流长的文明历史，为

---

① 肖丹. 以战略思维全面推进当代青年理想信念教育［J］. 东北师范大学学报（哲学社会科学版），2016（5）：228—232.

人类文明进步作出了不可磨灭的贡献。1840年鸦片战争以后，中国逐步成为半殖民地半封建社会，国家蒙辱、人民蒙难、文明蒙尘，中华民族遭受了前所未有的劫难。从那时起，实现中华民族伟大复兴，就成为中国人民和中华民族最伟大的梦想。

为了拯救民族危亡，中国人民奋起反抗，仁人志士奔走呐喊，太平天国运动、戊戌变法、义和团运动、辛亥革命接连而起，各种救国方案轮番出台，但都以失败而告终。中国迫切需要新的思想引领救亡运动，迫切需要新的组织凝聚革命力量。

十月革命一声炮响，给中国送来了马克思列宁主义。在中国人民和中华民族的伟大觉醒中，在马克思列宁主义同中国工人运动的紧密结合中，中国共产党应运而生。中国产生了共产党，这是开天辟地的大事变，深刻改变了近代以后中华民族发展的方向和进程，深刻改变了中国人民和中华民族的前途和命运，深刻改变了世界发展的趋势和格局。

中国共产党一经诞生，就把为中国人民谋幸福、为中华民族谋复兴确立为自己的初心使命。一百年来，中国共产党团结带领中国人民进行的一切奋斗、一切牺牲、一切创造，归结起来就是一个主题：实现中华民族伟大复兴。"[1]

3. 中国现代史中奋发向上的中国梦

1978年，中共中央开展了关于真理标准问题的大讨论，冲破了"两个凡是"的禁锢，邓小平同志发表《解放思想，实事求是，团结一致向前看》的重要讲话，成为建设有中国特色社会主义的宣言书。1978年，十一届三中全会作出了改革开放的伟大决策，农村和城市的经济体制改革相继展开，中国社会面貌发生了巨大变化。但在1991年，苏联解体，世界社

---

[1] 习近平. 在庆祝中国共产党成立100周年大会上的讲话[N]. 人民日报，2021-07-02（1）.

会主义运动遭遇严重挫折，有些人动摇了对马克思主义、社会主义的信仰，这时邓小平同志指出："我坚信，世界上赞成马克思主义的人会多起来的，因为马克思主义是科学。它运用历史唯物主义揭示了人类社会发展的规律。……一些国家出现严重曲折，社会主义好像被削弱了，但人民经受锻炼，从中汲取教训，将促使社会主义向着更加健康的方向发展。"[1] 2017年10月18日，习近平总书记在党的十九大报告中指出："实现中华民族伟大复兴是近代以来中华民族最伟大的梦想。中国共产党一经成立，就把实现共产主义作为党的最高理想和最终目标，义无反顾肩负起实现中华民族伟大复兴的历史使命，团结带领人民进行了艰苦卓绝的斗争，谱写了气吞山河的壮丽史诗。"2021年，习近平总书记在庆祝中国共产党成立100周年大会上的讲话中指出："为了实现中华民族伟大复兴，中国共产党团结带领中国人民，自信自强、守正创新，统揽伟大斗争、伟大工程、伟大事业、伟大梦想，创造了新时代中国特色社会主义的伟大成就。"

中学生通过对比改革开放40多年来中国经济发展、社会生活发生的变化，能够明白一代代领导人的思想与中国现代化建设的关系，从而对中国共产党的领导坚信不疑，并树立共产主义信念，努力学习，刻苦奋斗，积极投身于社会主义现代化建设中，为实现中国梦贡献力量。

在拓展基础课程教学、渗透家国情怀教育的基础上，济南市教育教学研究院通过观课、赛课等形式积极指导全市教师充分挖掘学科教学中的教育资源，积极弘扬中华优秀传统文化、社会主义革命文化和先进文化，使社会主义核心价值观教育在日常教学教研工作中落到实处。在各校的日常教学实践及全市的赛课活动中，逐渐建设了一批具有突出历史教育价值的精品课例。如山东师范大学附属中学孟伟老师执教的"南京国民政府的统治和中国共产党开辟革命新道路"一课，通过与南京国民政府的腐朽统治

---

[1] 邓小平. 邓小平文选（第三卷）[M]. 北京：人民出版社，1993：382.

相对比，引导学生正确认识中国共产党作为中国革命坚强、坚定、正确的领导者的历史地位，弘扬了中国共产党在领导中国革命过程中所构建起来的以长征精神为代表的伟大精神谱系。

（二）指导开发校本课程，濡养家国情怀教育

在历史教科书之外，乡土历史、学生家族变迁史等社会发展的不同侧面，都蕴含了宝贵的教育价值，应该遵循历史教育的基本原理，充分考虑学生不同的发展需求，分类分层挖掘多元德育素材，通过主题教研、典型课程资源示范等活动，积极建设各具特色的校本课程，打破"背多分"的传统教学痼疾，充分发掘本学科的人文教育功能，优化学生的学习方式，让习近平新时代中国特色社会主义思想在历史教育活动中走深走实。

如山东省实验中学历史组充分尊重学生的兴趣特长，为鼓励学生广泛了解社会、服务社会，同时也为了展示实验学子的良好形象，创办了"春秋学社"，鼓励学生将历史学习、文献查阅与社会调查相结合，充分发掘和了解自己家乡的历史，去重新审视和书写家乡的历史，来引导孩子们悦纳自己的乡土根脉，培养孩子们厚重的家国情怀。

山东省实验中学和山东师范大学附属中学历史组鼓励孩子们从"发现身边的历史"出发，见微知著，学会发现、探究、思考与审视小到自己家庭、大到我们的国家与民族历史的变迁，积极开展历史写作活动，比如组织学生通过撰写家族、乡土的历史研究文章，参加由中国社会史学会主办，北京大学、复旦大学、南开大学和东北师范大学提供学术支持的"燕园杯"全国中学生历史写作大赛，且两个学校的学生都先后获得了非常好的成绩。

济南市历城第二中学在校园文化建设中，以校园内道路的命名为切入点，进行系统的教育设计和课程设计，深入挖掘中华优秀传统文化的思想观念、人文精神和道德规范，并结合时代要求继承创新，将校园道路命名

活动设计成系列历史文化教育活动。学校将校园内各条道路分别以济南市域内著名的历史人物的名字命名，如叔牙路、养浩路等，并结集编写了《历城二中地名志》一书，让校园内每一个学生都成为济南名士故事的讲解员，让每一条道路都成为学生体悟中华优秀传统文化的教育现场，让每一个学生在日常生活、学习的过程中逐渐提升自己的文化自觉、文化自信和文化自豪感。

济南市长清区历史悠久，文化遗迹较多。如孝里镇的郭氏墓石祠，是我国现存最早的地面房屋式建筑，室内还保存了极为丰富精美的汉代画像，是我国第一批全国重点文物保护单位，也是我国孝文化的典型代表；大峰山抗日根据地是泰西抗日根据地的重要组成部分，是长清人民革命的摇篮，被称为"长清的延安"。长清区内各高中学校在常规历史教学的基础上，充分发挥乡土历史的宝贵教育价值，定期组织校内学生实地参观区内著名的历史遗址、遗迹，开展实地参观和社会调查，使学生在亲身探访中感受中华优秀传统文化的厚重隽永，感悟中国社会主义革命文化的坚贞伟大。

二、积极发挥语文学科德育渗透的作用

积极发挥语文学科德育渗透的作用，既要自然一些，也要符合课程基本教学规律。语文课程中蕴含着丰富的传统文化和现代文化，形式多样，不仅可以提升学生的语言能力，还可引导学生形成正确的价值观。语文教师要厘清语文课程与思政教育内容上的联系，明确教学目标，促使两者充分融合，将理想信念教育体现在语文教学中。

（一）深挖语文教材，渗透理想信念教育内容

与思政课相比，语文课是理想信念教育融合课程的隐性课，要深挖语文教材中蕴含的理想信念教育内容，将其渗透到教学活动中，彰显语文课程的思政教育价值。因此，应开展嵌入式教学，以语文学科为根本，把思

政内容作为辅助、补充的背景知识嵌入其中。中学语文教材贴近生活，教师要站在学生的角度，以语文教材中的理想信念教育内容引导学生进行知识迁移、思想升华，从基本文化知识逐渐过渡到理想信念教育上，从而提升学生的理想信念水平。教师在课前要搜集资料，挖掘文本中的理想信念教育内容，将其与语文课建立知识联系，在教学中将相关的理想信念教育内容呈现出来，使学生在掌握语文知识的同时，体会和感知文本中的理想信念精神价值，实现语文与思政课程教学的深度融合。

（二）利用典型人物，树立理想信念

中学语文课要发挥典型人物的引领作用，在此基础上给予学生一定的情感激励，让学生树立起良好的理想信念。让学生学习典型人物身上的优秀品质，并在学习的过程中进行自主反思，摒弃不良的思想观念和行为，助力学生的理想信念教育。

在发掘典型人物案例的过程中，教师须注重生活资源的发掘与整合，让学生能够形成更加直观和生动的认识。例如，语文教材里有《县委书记的榜样——焦裕禄》一文，此文以文学手法塑造了一个共产党员为了人民无私奉献的高大形象，教师要引导学生与文章表达的情感产生共鸣，在理想信念教育上形成语文学科独特、有效、鲜明的风格。

（三）利用作文教学，对学生进行理想信念教育

在高中语文教学的过程中，作文教学在理想信念教育有效实施方面具有突出的助力作用。在语文课上，教师本着理想信念教育有效渗透的原则，引导学生养成搜集实例的习惯，并为学生提供良好的写作指导，让学生在写作中融入真实情感。

从 2020 年开始，济南市高三模拟考试作文的命题工作积极、努力践行新课标精神和理念，从时政类素材和国家宏观变化素材中命制，积极引导学生关注身边事、关注社会事、关注国家事，彰显积极进取的爱国精神，倡导

"风声雨声读书声,声声入耳;国事家事天下事,事事关心"。近年来济南市教育教学研究院也一直通过推广生活化作文教学和体验式作文教学,来推动作文教学的作文与做人的本质回归,对学生进行理想信念教育。

三、积极发挥美术课程德育渗透的作用

美术课程自身所蕴含的对学生政治认同、家国情怀、文化自信等素养的培养都体现了价值性和思想性,也是新时代中学生理想信念的重要内容。中学阶段的美术课程是要将知识性、技能性与价值性、思想性相统一,开展美术课程的教学活动,促使学生知道、理解和能做,培育美术课程核心素养,同时,实现美术课程与思想政治教育同向同行、同频共振,形成协同效应,建立大育人观。

（一）与传统文化相关联,充分挖掘美术教材中的理想信念教育资源

积极发挥美术课程德育渗透的作用,推动新时代中学生理想信念教育,要求美术课教师要对美术教材的内容进行深度研究和解析,并深入把握新时代中学生理想信念教育的方向和内容:爱国、爱党、爱家乡、文明、和谐、诚信、感恩、孝道……围绕社会主义核心价值观和中华传统美德,我们可以从美术教材中挖掘出许多适合新时代中学生的理想信念教育元素和内容,并结合学生的学情和认知水平进行渗透。

为深入学习贯彻落实习近平总书记关于教育的重要论述和全国教育大会精神,贯彻落实中共中央办公厅、国务院办公厅《关于全面加强和改进新时代学校美育工作的意见》要求,落实立德树人根本任务,进一步强化学校美育的育人功能,开展一系列美术思政项目化课程实践,以中华优秀传统文化、革命文化为主题,旨在构建全员、全程、全课程育人格局的形式,将美育与思想政治理论课同向同行,形成协同效应。

如山东省济南市南山仲宫街道仲南中学的毕会芳老师在"黑白世界"一课中,结合中国传统版画的历史发展与创作实践,隐性地将思政教育融

入美术专业课程中,将课堂主渠道功能发挥最大化,扭转传统课程教学中的重技轻德现象。

山东省实验中学张允老师讲解人美版高中美术教材第六单元"时代之镜——中国现代美术"时,将内容确定为"为人生而艺术——红色美术经典中的家国情怀",真正把德育寓于美育之中,使革命历史画的红色基因流淌到学生心里,使红色之光照到每个学生,从美术手法的表现上深挖作品所散发的革命曙光和所传递的革命力量。通过对红色美术经典的鉴赏、解读,探究民族文化传统的继承与发展关系,助力学生养成文化建设的意识,增进学生的文化自信与民族自信,感受红色美术经典中的信仰之美,提升学生家国情怀。

山东省济南市南山柳埠街道初级中学宋绪英老师的国画社团以湘版教材第三课"画故事"中的大型连环画《地球的红飘带》为灵感,将理想信念教育融入国画社团,联合历史课、思政课共同探究那段悲壮且无畏的历史,并组织学生参观济南市南部山区的革命根据地,让学生感受那段峥嵘的岁月,再根据抗战时间节点、重大历史事件为题材,创作了国画百米长卷——《百年风华》,形成"思政+艺术"的合作育人模式。

在美育中渗透中国传统文化、革命文化,不仅可以让学生了解中国丰富的传统文化、革命文化内涵,激发学生热爱中华优秀传统文化、革命文化的热情,还能提升学生的民族自豪感和自信心,坚定文化自信,培养学生的良好品格,强化新时代中学生理想信念教育。

(二)与时代相关联,在美术创作中渗透理想信念教育

首都师范大学教授尹少淳说:"美术作为一种视觉表达方式始终指向文化和社会,美术教育的触角必须深入文化和社会中。"[1] 美术作为一种

---

[1] 尹少淳. 核心素养时代美术教师的成长[J]. 中国中小学美术, 2019 (9): 4—6.

视觉艺术，它和时代、文化、社会都是密不可分的，所有艺术作品的创作都是在一定的时代背景下产生的，因此美术教师要把握时代脉搏，关注社会动态，结合时事，以艺术创作为重要载体，引导学生通过美术创作，传播时代精神、弘扬主旋律、继承中华优秀传统文化。2021年恰逢中国共产党建党100周年，济南市历城二中开展了主题为"不忘初心　牢记使命"的济南市中小学美术教育成果展，在工人文化宫举办济南市师生美术、手工作品展评活动。济南市历城区唐冶中学田珊珊、郑爽老师开展了"请党放心，强国有我"系列美术课程，同学们怀揣着对党的热爱，对未来的畅想，用版画、剪纸、绘画、书法等方式描绘了中国共产党的丰功伟绩。用美育的形式厚植爱国情怀，让学生感受祖国的百年变化，学习党的光荣传统和优良作风，进一步激发学生的爱党、爱国热情，切实增强学生的历史责任感和使命感，强化新时代中学生的理想信念教育。又如，济南第十四中学鲍洪涛老师将七年级"主题与背景""图文并茂""我们在一起"等课题与建党百年、神舟飞天、奥运故事等现实题材结合起来，引导学生关注社会问题、关注国家的发展。

第三节　努力发挥学校党团组织和班级教育的作用

理想信念教育工作历来备受党和国家的高度重视，新时代中学生理想信念教育工作也显得尤为重要。世界多极化与经济全球化的深入发展，科技的发展与互联网的普及，对我们整个世界产生了非常重要的影响，给人们的生产生活带来便利的同时，也带来一定的风险与挑战。中学生身心尚未成熟，缺乏完整的价值观体系和精准的鉴别判断能力。而作为在新时代成长起来的青少年，他们的生活和学习与整个外界环境是息息相关的。特别是在网络中存在的一些不当思想和言论，有时会对缺乏判断力的中学生产生不利影响，对中学生理想信念的树立带来一定的阻碍。中学阶段是个体理想信念形成的关键阶段，也是理想信念教育的最佳时期，中学生是祖国的未来建设者，抓好中学生理想信念教育非常重要。2015年6月1日，习近平总书记在会见中国少年先锋队第七次全国代表大会代表时寄语全国各族中学生，"要从小学习立志。志向是人生的航标。一个人要做出一番成就，就要有自己的志向。一个人可以有很多志向，但人生最重要的志向应该同祖国和人民联系在一起，这是人们各种具体志向的底盘，也是人生的脊梁。你们要注意培养追求真理、报效祖国的志向，爱祖国、爱人民、爱劳动、爱科学、爱社会主义，时刻把祖国和人民放在心中，从小听党的话、跟着党走，努力做祖国和人民需要的好孩子，做祖国和人民事业发展的接班人"。理想指引人生方向，信念决定事业成败。没有理想信念，就会导致精神上"缺钙"。2014年5月4日，习近平总书记在北京大学师生座谈会上指出："每个时代都有每个时代的精神，每个时代都有每个时代的价值观念。国有四维，礼义廉耻，'四维不张，国乃灭亡'。这是中国先人对当时核心价值观的认识。在当代中国，我们的民族、我们的国家应该坚守什么样的核心价值观？这个问题，是一个理论问题，也是一个实践问题。经过反复征求意见，综合各方面认识，我们提出要倡导富强、民主、文明、和谐，倡导自由、平等、公正、法治，倡导爱国、敬业、诚信、友善，积极培育和践行社会主义核心价值观。富强、民主、文明、和谐是国家层面的价值要求，自由、平等、公正、法治是社会层面的价值要求，爱国、敬业、诚信、友善是公民层面的价值要求。这个概括，实际上回答了我们要建设什么样的国家、建设什么样的社会、培育什么样的公民的重大问题。"党和国家在群团工作战略布局中对中学生理想信念教育要抓好、抓牢、抓实，即青少年思想引导工作必须站在理想信念的制高点上，深刻认识培养中国特色社会主义事业建设者和接班人的核心任务是加强理想信念教育，充分认识现实社会各种思想意识影响和争抢青少年的挑战，增强为党育人、为民族铸魂的责任感和紧迫感。

党历来高度重视理想信念教育问题，这一问题对提高国民素质与推动整个社会的发展有着非常重要的作用。毛泽东同志将理想信念教育与爱国主义有机结合起来，鼓励全中国人民抗日救国，实现国家和民族的独立解放。邓小平同志强调，"正是因为我们党有马克思主义和共产主义的信念以及共同理想，因此具有强大的战斗力，要求共产党员要有崇高的理想、信念和人生追求，积极参与到建设中国特色社会主义的进程中去。"[①] 习近平总书记多次强调理想信念教育的重要性，用中国梦教育激励广大青年将社会理想与个人理想紧密相连，为实现中华民族伟大复兴而奋斗。

中学生是国家兴旺发达的重要力量，对中学生进行理想信念教育尤为重要。首先，中学生的理想信念教育是实现中学生立德树人根本任务的需要，要引导学生树立正确的人生观、世界观、价值观。其次，中学生的理想信念教育是促进中学生德智体美劳全面发展的需要，要引导中学生对国家社会当前的现实情况进行理性思考，形成正确认知，引导他们面对具体问题时作出正确的价值判断与价值选择。最后，国家的发展、民族的振兴需要我们每一位中国人拥有强烈的社会责任感与强烈的家国情怀，必须将国家与社会的发展融入个人的奋斗目标。理想信念教育活动能对中学生的主观意识形态产生重要影响，进而转化为一种实践力量，引导他们将国家的发展与个人的命运紧密相连，为中华民族伟大复兴而奋斗。因此，对中学生进行理想信念教育具有非常重要的意义。本节主要从学校党团活动以及班级教育这个层面，着重分析对中学生进行理想信念教育的重要实践意义。

---

① 邓小平. 邓小平文选（第三卷）[M]. 北京：人民出版社，1993：144.

一、构建新时代的学校党团活动

学校是培育中学生理想信念的重要场所，特别是学校的党团组织借助主题明确、形式灵活的党团活动，充分发挥着坚定政治信仰、增强理想信念的育人作用。2013年，习近平总书记在同团中央新一届领导班子成员集体谈话时指出，"共青团应该是先进青年的组织，团员应该有先进性，有光荣感。先进性、光荣感从哪里来？一个很重要的方面就是理想信念先进。如果团员同一般青年一样，是不是团员没有多大差别，那团组织就很难有强大吸引力和凝聚力。吸引力和凝聚力不能单靠组织一些活动、分发一些经费，这些也需要做，但必须明白，只有思想上精神上的吸引力和凝聚力，才是内在的、强大的、持久的。团组织和广大团员能不能走在时代前列、走在青年前列，是决定团的吸引力和凝聚力的关键因素"。他还强调，"祖国的未来属于青年，重视青年就是重视未来。各级党委和政府要加强对青年工作的领导，认真研究新形势下青年运动的特点和规律，为广大青年成长成才、建功立业创造良好环境和条件，帮助和支持广大青年在时代的舞台上展现风采、发光发热，努力为实现'两个一百年'奋斗目标、实现中华民族伟大复兴的中国梦贡献青春的激情和力量"[1]。

首先，学校党组织应帮助共青团组织充分发挥各类宣传阵地作用，积极利用校园广播、报刊、网络、宣传栏等宣传媒体，大力宣传与中学生理想信念教育有关的活动，努力打造内容丰富、思想深刻的教育活动，营造积极向上的教育活动氛围，对中学生产生潜移默化的影响。学校党组织还应引导共青团组织充分利用微信、微博等新媒体平台与中学生进行互动交流和情感沟通，及时了解中学生的思想动态，密切与中学生的联系，建立一个积极良好的互动模式。其次，学校党团组织应开展内涵丰富、主题鲜

---

[1] 习近平. 致全国青联十二届全委会和全国学联二十六大的贺信 [N]. 人民日报，2015-07-25.

明的校园文化活动。例如举办"生逢盛世 梦想起航 请党放心 强国有我"的新学期开学典礼以及主题建队日,开展"坚定紧跟党走 炼铸红色青春"主题团课活动,举行"赓续精神血脉 鉴往以知未来"党史故事演讲比赛,组织中学生团员代表采访学校优秀党员教师等活动。这些活动使理想信念教育更加形象化、直观化、实效性。学校通过组织灵活多样的校园文化活动,让中学生感受到坚定的理想信念对他们的人生有非常重要的影响。此外,学校党组织还应该充分发挥学校优秀党员教师与优秀共青团员的示范引领作用,为学校里广大学生理想信念教育树立榜样。学校党团组织还可以积极培养优秀共青团员,他们不仅成绩优异,更加重要的是在他们身上有不怕困难、无私奉献、奋发图强的精神。学校积极宣传优秀共青团员事迹,用他们的典型事迹教育和引导其他中学生,激励中学生们热爱党和人民、热爱学校和班集体,从而在校园中形成争当优秀典型的良好氛围。

学校党团组织还可以积极发挥实践育人的优势,积极组织中学生参加社会实践活动,帮助中学生进一步认识社会、了解国情,让中学生在实践中得到锻炼,提升自身理想信念与综合素质。例如:在学校党组织的领导下,共青团组织引导中学生参加保护环境等公益志愿活动,参观爱国主义教育基地,增强中学生的坚强意志与社会责任感。学校党团组织还可以组织中学生积极参加各类科技创新竞赛,激发他们的竞争意识与科技创新能力,从而引导中学生形成正确的世界观与人生观。"未来总是属于年青人的。拥有一大批创新型青年人才,是国家创新活力之所在,也是科技发展希望之所在。"[1]

---

[1] 习近平. 加快从要素驱动、投资规模驱动发展为主向以创新驱动发展为主的转变[M]//中共中央党史和文献研究院. 十八大以来重要文献选编(中). 北京:中央文献出版社,2016:27.

中学生的理想信念是否坚定与党的事业、国家的兴衰成败和中华民族伟大复兴中国梦能否实现有着非常密切的联系。因此，对中学生开展理想信念教育极其重要。中学生处于人生成长的关键阶段，他们的世界观、人生观、价值观尚未成熟，理想信念容易受到外界环境影响。新时代新形势下，中学生的价值取向、行为方式等方面又发生了很多变化。因此，学校党团组织的理想信念教育工作也面临着严峻的挑战。这就需要我们在未来的工作中，不仅要不断丰富活动内涵，做到与时俱进，还要创新教育工作的方式方法。

二、将理想信念教育融入班级管理和活动之中

教师在进行班级管理、开展班级活动时，要注重对学生进行理想信念教育。中学生是新时代国家现代化建设的主力军，对他们进行理想信念的培育和熏陶，能够促进学生德智体美劳的全面发展，能够帮助他们成为对国家社会有用的人。

要引导学生自觉践行社会主义核心价值观。中学阶段是世界观、人生观、价值观形成的关键阶段。在日常班级管理中，教师可以带领学生在教室内办好关于社会主义核心价值观的宣传板报，让每位学生对社会主义核心价值观内容有更加深刻的理解，做到内化于心、外化于行。教师还可以召开主题班会，帮助学生了解我们国家目前的发展情况，向学生介绍为国家现代化建设作出突出贡献的英雄先进人物事迹，引导学生朝着积极向上的方向发展。与此同时，教师还可以引导学生运用马克思主义观点去看待问题并解决问题，不断在思想上提升自己。良好和谐的班风、学风也是促进理想信念教育的重要环节，对全班学生精神状态和道德品质起着潜移默化的影响。教师特别是班主任，在构建良好班风学风的过程中起着关键性甚至是主导性作用。班主任的一言一行对中学生有着直接或间接的影响。中学生可塑性很强，内心有着强烈的"向师性"。班主任要做到"言必信，

行必果",全面了解学生的兴趣爱好、成长环境,做学生的良师益友。与此同时,班主任要不断提升自身道德素质,用正确的世界观、人生观、价值观引领学生成长,用高度的责任心与爱心关注关爱学生,用严谨专业的教学态度感染学生,用发展全面的眼光看待每一位学生的优点和不足。只有当学生充分喜欢并信任班主任时,对学生树立正确的理想信念的效果才会最大化。发挥社会主义核心价值观的引领作用,从而促进中学生理想信念的树立,不仅体现在班级管理中,还可以扩大到整个学校,要联合整个学校的教师以及宣传力量来最大限度地发挥社会主义核心价值观的影响。在校园中,进行社会主义核心价值观的学习与宣传是非常重要的,外界环境对一个人的成长作用往往是巨大的,甚至能够影响一个人的人生轨迹。特别是寄宿制学校,要充分发挥自身教育时间集中、社会影响因素小等方面的优势,加强寄宿制学校德育工作力度,以正面教育为主,激发学生追求真善美的愿望。教师还可以有针对性地选择一些社会负面案例,帮助学生分析这些现象的丑恶,从而激发学生树立正确的理想信念,激发他们与这些丑恶现象作斗争的勇气与担当。"广大青年一定要坚定理想信念。'功崇惟志,业广惟勤。'理想指引人生方向,信念决定事业成败。没有理想信念,就会导致精神上'缺钙'。中国梦是全国各族人民的共同理想,也是青年一代应该牢固树立的远大理想。中国特色社会主义是我们党带领人民历经千辛万苦找到的实现中国梦的正确道路,也是广大青年应该牢固确立的人生信念。"[1]

利用主题活动等课外活动,坚定理想信念。开设班级主题活动,有利于加强学生的社会主义核心价值观教育,实现立德树人的教育目标。[2] 美国学者约翰·杜威强调:"道德是教育的最高和最终的目的,应改变灌输

---

[1] 习近平.在同各界优秀青年代表座谈时的讲话[N].人民日报,2013-05-05(1).
[2] 陈彦竹.班级主题活动中价值引领的内涵和策略[J].教学与管理,2020(07):26.

式的教学模式,将道德教育融入社会生活与实践中去,引导学生理想信念的树立。"① 社会发展日新月异,中学教育也要与时俱进,完全依靠传统形式的教育方式已经不能满足新时代发展的需求。中学阶段又是人才培养的关键阶段,进行理想信念的培养也要不断融入新的时代元素。采取灵活多样、内容丰富的主题活动是中学阶段理想信念教育的重要模式之一。传统意义上的主题活动往往与学科知识、升学就业等相关内容挂钩,加强理想信念教育则有助于增添中学阶段主题活动的发展动力。在党和国家教育政策指导下,我国中学阶段对理想信念教育的重视程度得到了普遍提高,丰富了中学主题活动的内涵,促进了中学生理想信念的形成。"要变革当前学校的教育模式,将理想信念教育的内容与学校的理念以及管理、教学工作相结合,发挥理想信念教育对于学校育人、树人目标实现的推动作用。"② 主题活动的开展不能仅局限在校园内,教师还可以带领中学生进行一些课外活动,例如带领他们去敬老院进行"关爱老人 献爱心"活动,还可以带领中学生参加一些社会公益活动,例如走进社区,担任垃圾分类引导员,为小区内的居民讲解垃圾分类的相关知识活动等。中学生在参与这些有意义的课外活动过程中,能够加强对"真善美"的理解,为树立良好道德品质起到重要的推动作用。面向中学生这一特定群体,有计划有目的地开展理想信念教育主题活动,引导学生正确认识自我、明确人生方向、提升个人修养、坚定理想信念,从而为中华民族伟大复兴事业成功输送人才。所以,理想信念教育是我国学校德育工作的重中之重。

---

① [美] 约翰·杜威. 民主与教育 [M]. 俞吾金,孔慧,译. 上海:华东师范大学出版社,2019:206.

② 迟希新. 在实效性上下功夫,构建学校理想信念教育的"大棋局" [J]. 人民教育,2018(22):18.

第四节 积极发挥家庭和社会教育的作用

《国家中长期教育改革和发展规划纲要（2010—2020年）》提出，要"加强马克思主义中国化最新成果教育，引导学生形成正确的世界观、人生观、价值观；加强理想信念教育和道德教育，坚定学生对中国共产党领导、社会主义制度的信念和信心"。帮助中学生坚定理想信念，须积极发挥家庭和社会教育的双重作用。2015年2月17日，习近平总书记在新春团拜会上强调，"家庭是社会的基本细胞，是人生的第一所学校。不论时代发生多大变化，不论生活格局发生多大变化，我们都要重视家庭建设，注重家庭、注重家教、注重家风"①。首先，要重视家庭教育在帮助中学生树立理想信念中的重要作用，通过帮助中学生不断树立正确的世界观、人生观、价值观，不断形成正确的理想信念，从而抵制各种拜金主义、享乐主义等不良思想的入侵，实现个人理想信念和社会理想信念有效统一，扣好人生的第一粒扣子。其次，中学生的成长除了需要掌握理论知识，树立正确的理想信念，更需要投身到社会这个大舞台进行历练。实践是认识的基础，实践出真知。树立坚定的理想信念，中学生应积极参加社会实践活动，在实践活动中去真正体验理想信念的重要性。因此，要充分利用当地社会资源和文化资源，为中学生的理想信念教育提供实践载体。本节试从家庭、社会两个方面入手，分析如何发挥家庭和社会资源在中学生理想信念教育中的作用，更好地实现社会实践教育与理想信念教育的同步发展。

一、家风融入理想信念教育，实现个人价值与社会价值的统一

家风，也叫门风，是一家或一族的家庭风尚，是人们在家庭生活中世

---

① 习近平. 在二〇一五年春节团拜会上的讲话[N]. 人民日报，2015-02-18.

代相传逐步形成的传统习惯、生活作风、处世之道、道德风尚的综合，融于家训、家规、家书和日常家庭生活，主要特征包括传承性、时代性和多样性等。① 古人云，"爱子，教子以义方"，"爱之不以道，适所以害之也"。家庭是人生的第一个课堂，家风是这个课堂中的主要教育内容。家风影响着每一位家庭成员的思想与行为，树立良好的家风对家庭成员的成长非常关键。家庭是社会的细胞，家风建设不仅关系着家庭成员的思想观念和道德品行，而且对整个国家和民族的精神风貌都有重要作用。"家庭是一个能动的要素，它从来不是静止不动的，而是随着社会从较低的阶段向较高的阶段的发展，从较低的形式进到较高的形式"②。家庭会随着社会的发展而发展，家庭的发展在一定程度上也会影响社会的发展。

（一）家风融入理想信念教育，有利于培育担当中华民族伟大复兴重任的时代新人

家庭是人生的第一课堂，父母是孩子的第一任老师。党的十八大以来，习近平总书记曾多次强调家庭、家教、家风的重要性。习近平总书记指出，"家风是一个家庭的精神内核，也是一个社会的价值缩影。良好家风和家庭美德正是社会主义核心价值观在现实生活中的直观体现"，"天下之本在国，国之本在家，家之本在身"。在家庭中，父母是儿女的老师，而要当好这个老师，既要重言教，更要重身教。父母只有身影端正，以身作则，其言行才能对中学生有说服力和感召力，才能为树立良好的家风奠定坚实基础，为中学生树立正确的世界观、人生观、价值观打下最牢固的根基。我国已进入中国特色社会主义建设新时代，到 2035 年要基本实现社会主义现代化，从 2035 年到 21 世纪中叶，我国要建设成富强民主文明

---

① 林伯海，师晓娟. 家风的意蕴及其当代价值 [J]. 思想政治教育研究，2017（5）.
② 马克思，恩格斯. 马克思恩格斯选集（第 4 卷）[M]. 北京：人民出版社，1995：26.

和谐美丽的社会主义现代化强国。青年兴则国兴,青年强则国强。青年一代有理想、有本领、有担当,国家就有前途,民族就有希望。中学生肩负这一历史使命与时代重任,家庭教育的作用不可忽视,家风建设更要成为中学生理想信念教育的重要抓手。

(二) 家风融入理想信念教育,有利于形成良好的社会氛围

家庭建设与社会建设有着千丝万缕的联系,良好的社会氛围的形成,离不开千千万万个小家的建设,离不开好家风的支撑。中学生可塑性比较强,对外界信息的感受度较高,向上向好的家风慢慢内化于心,成为中学生思想观念的一部分。中学生是整个社会大家庭的重要成员,中学生遵守家庭美德,有助于良好社会风气的建设。中学生树立正确的理想信念,通过由一人带动一家、由多个小家带动整个社会,促成良好社会风尚的形成。良好的家风可以帮助中学生克服自身发展过程中的消极因素,促使自身积极因素的形成与发展,增强自身辨别是非和抵御风险的能力,有效避免各种不良思想带来的负面影响,对国家的建设和社会的发展有非常重要的作用。家风建设不仅关系到中学生思想道德修养的提升,更关系到这个国家民族未来发展的前进方向。

(三) 家风融入理想信念教育,有利于促进中学生全面健康发展

马克思在《德意志意识形态》中对人的自由而全面发展进行了系统论述:"人的全面发展理论,是指个人劳动能力(包括体力和智力)的充分自由发展,是人的本质规定的拓展,是人的社会关系的丰富和发展,是人的需要得以实现与满足。"经济基础决定上层建筑,在生产力获得发展的同时,人们的思想领域也会得到提高。良好家风的建设本质上就是引导人们树立正确健康向上的精神态度,全面提升自身思想境界。对中学生的理想信念教育主要关注他们的思想品德建设,特别是在新时代,中学生的理想信念教育面临着新挑战。良好的家风能够让中学生在多元化思想的碰撞

中坚定中国特色社会主义共同理想和共产主义理想信念,并在这一理想信念的指引下努力奋斗、不断提升、不断完善,最终实现自身的人生梦想。中学生在努力实现梦想的过程中,获得了自由而全面的发展。只要思想观念不动摇,理想信念不滑坡,人生就有了前进的动力,人就能够实现全面的发展。中学生在得到更高层面自由而全面发展的同时,会更加坚定共产主义理想信念,在各种挑战和诱惑面前,不怕困难,砥砺前行。所以说,良好家风的建设是中学生全面发展的基础,中学生自身的全面发展与坚定的理想信念两者又是相辅相成、相互促进的。"家庭是人们灵魂深处最温馨的港湾,家庭和睦,青少年才能自信阳光、积极向上。家庭是一个人成长成才的关键课堂,家教科学严格,青少年才能三观端正、人格健全。家是最小国,国是千万家。重视家庭家教家风建设,既事关一个人、一个家庭的兴衰荣辱,同时又事关一个民族、一个国家的前途命运。"①

二、充分发掘本地社会实践资源,搭建中学生理想信念教育实践平台

充分利用社会资源,发挥各种社会资源合力,是中学生理想信念教育不可缺少的。马卡连柯在《儿童教育讲座》里写道:"劳动促进了人们道德与精神的完善。"② 卢梭提出"以行求知,体验中学"的观点,认为学生应该在社会中获得知识,体验知识的魅力。杜威进一步丰富了卢梭的思想,提出了"教育即生活""学校即社会"等观点。他认为好的环境能够帮助学生培养解决问题的能力,人们只有在社会实践中才能领悟和践行高尚的道德品质。中学生坚定的理想信念和正确的价值准则的形成离不开社会实践的历练。只有让中学生更好地参与到社会实践中,更多地接触社会

---

① 冯颜利. 推动新时代家庭家教家风建设高质量发展 [N]. 光明日报,2021-12-27.
② [苏联] 安·谢·马卡连柯. 论共产主义教育 [M]. 北京:人民教育出版社,1962:236.

中的不同群体，感受现实生活的复杂与真实，才能提高自身的实践能力以更好地适应社会，为今后走向社会、服务社会、承担社会责任打下坚实的基础。

(一) 推进理想信念教育社区化

中学生与自身生活的社区关系比较紧密、直接，中学生是社区的成员，而社区则是中学生进行社会实践活动最有利的场所。逐步推进中学生社会实践活动社区化、持续化、常态化，对中学生树立正确的思想品德和实现个人全面发展成长有着非常重要的作用。学校团委、思政课教师等可以积极联系社区工作人员，利用丰富多样的社区资源对中学生进行实践教育，帮助中学生更加客观地看待社会现实，引导中学生有意识地为社会发展作出自己的贡献。学校可以与社区合作开展志愿者服务活动。这些活动主要是对中学生进行奉献精神、社会责任意识的教育，这也将激励更多的中学生投入基层志愿者服务活动，提高中学生的社会责任感与使命感。社区也可以积极提供相应的机会，让中学生真正地参与进来，避免重形式主义的无效率无效果的实践教育，帮助中学生实现人生价值、提升人生境界。

(二) 发挥政府部门对理想信念教育工作的促进作用

政府应出台相应的法律政策，为中学生参与社会实践提供法律保障，为社会实践基地提供政策支持。深入开展中学生社会实践活动，并通过社会实践活动让中学生坚定理想信念和树立正确的世界观、人生观、价值观，是全面落实党的教育方针、提升中学教育质量、落实中学生德育工作的必然要求。政府和学校都要鼓励中学生走出校园，积极投身于形式多样、内容丰富的实践活动中去，建立相应的激励机制，加大资金投入力度，对在社会实践中表现好的典型个人给予表彰，并在新闻媒体上进行宣传。政府还可以给实践活动基地一定的财政补贴，消除实践活动基地的后顾之忧。政府相关部门还可以协同学校成立专门的社会实践领导小组，形成职责明确的组织机构，厘清各个主体需要负责的内容，相互监督，推动各项工作按时开展并将各项工作落实到位。

（三）发挥大众传媒的作用，营造健康和谐的社会教育环境

随着科学技术的进步和互联网全面融入社会的各个领域，大众传媒的作用越来越重要，影响越来越大。但是，大众传媒在为我们的生活提供便利的同时，也有部分传媒所传播的信息与社会主流价值观背道而驰，这对中学生产生了非常多的负面影响。理想信念与现实生活实际存在冲突，现实生活崇尚的利益至上原则，在部分媒体的过度渲染下，对中学生的价值观造成很大冲击，不利于正确理想信念教育的树立与巩固。为了更好地发挥大众传媒的积极影响，首先要从源头上对不良信息进行全方位的监管，及时清除那些不利于中学生健康成长的负面信息，严厉查处那些"只要流量不要底线"的媒体，对触及法律底线的要给予相应法律制裁。因此，发挥大众传媒在中学生理想信念领域的重要作用的前提就是要优化各种信息传播平台，加强主流媒体的舆论引导力，对于那些挤占公共空间、宣传歪曲价值观的不良媒体进行彻底封杀。其次，还要积极运用好微信、微博等中学生比较感兴趣的网络载体，结合一些优质的网络平台、微信公众号，加强理想信念教育内容的宣传。学校可以向中学生推荐优质的媒体资源，提供了解主流媒体信息的机会，让中学生在了解社会热点的同时，加强理论学习，树立正确的价值观。

所以，在新时代中学生树立坚定的理想信念需要多方配合、多措并举，要发挥家庭、学校、社会等各个方面的力量，最重要的是中学生自身要认识到理想信念的重要性。不管是家庭、学校还是社会，在培育中学生理想信念工作中，都要找准工作的主攻方向，各司其职、加强合作，注重对中学生进行正面、积极的影响，将教育合力最大化。只有这样，才能为

中学生理想信念教育提供良好的客观条件，形成良好的教育氛围。

第五节 大中小学一体化框架下的中学生理想信念教育

2019年，习近平总书记在主持召开学校思想政治理论课教师座谈会上指出，"思想政治理论课是落实立德树人根本任务的关键课程"，"办好思想政治理论课，最根本的是要全面贯彻党的教育方针，解决好培养什么人、怎样培养人、为谁培养人这个根本问题"。习近平总书记从党和国家事业发展的全局出发，深刻阐述了办好思政课的重大意义，深入分析了教师的关键作用，明确提出了推动思政课改革创新的重大要求，坚定了广大思政课教师把思政课办得越来越好的信心和决心，为我们推进思政课建设指明了前进方向、提供了重要遵循。思政课一体化是一种整体观念，用唯物辩证法的整体和部分的关系来理解，就是立足整体，在保持部分相对独立的情况下，各部分之间相互联系，逐步推进整体的发展。大中小学校一体化的思政课就是统筹各个学段之间的有机结合，实现大中小三个学段的有效进阶，实现上下贯通。各个学段之间相互促进、协同发展、循序渐进，最终实现学校和家庭、社会等多元育人主体的有机结合，共同育人，将立德树人的效果最大化。

改革开放以来，党和国家多次强调统筹推进大中小三个学段的思政课改革和发展。1979年教育部政治理论教育司强调，"要解决大学和中学思政课在分工方面与衔接方面存在的问题和课程内容简单重复的现象，加强大学和中学两个学段之间的有效衔接"[1]。1985年中共中央发布通知"对

---

[1] 教育部社会科学司. 普通高校思想政治理论课文献选编（1949—2006）[Z]. 北京：中国人民大学出版社，2003：76.

各学段的思政课进行改革，要求课程设置要统筹规划，教学内容要避免重复，由浅入深设计，层层递进"①。1994年教育部强调："要科学开展德育工作，考虑学生成长规律的同时，也要根据社会发展所提出的要求统筹规划。各学段思政课的教学内容、教学手段和方法的选择要立足德育工作的总目标，要加强三个学段之间的衔接性，避免教育教学的重复或脱节。"②进入21世纪，大中小学思政课一体化建设逐步推进发展。为了整体构建大中小学思政课的德育体系，总体规划大中小三个学段的教学目标和课程标准，2010年，中共中央、国务院印发了《国家中长期教育改革和发展规划纲要（2010—2020）》，纲要强调，"构建大中小学有效衔接的德育体系，创新德育形式，丰富德育内容，不断提高德育工作的吸引力和感染力，增强德育工作的针对性和实效性"。大中小学思政课的发展对党的思想政治教育工作和培育全面发展的时代新人，都发挥着重要作用。面对我国在政治、经济、文化等各个方面发展的新局面和新形势，思政课所承担的任务越来越重。因此，推进大中小学思政课改革和发展势在必行，对深化大中小学思政课的研究和探讨也越来越急迫。新时代背景下完善和提高我国德育工作的针对性、增强思政课立德树人的实效性、巩固我国意识形态安全，是我们目前思政课一体化建设的题中之义。本节主要从如何推进大中小学思政课的建设和发展以及目前我们在推进过程中存在的问题两个方面进行剖析，为进一步提升各学段思政课的教学水平和立德树人效果提供方法理论指导。

一、新时代推进大中小学思政课一体化建设的实践探索

新时代推进大中小学思政课一体化建设是贯彻党的教育方针、做好大

---

① 教育部社会科学司. 普通高校思想政治理论课文献选编（1949—2006）[Z]. 北京：中国人民大学出版社，2003：106.
② 教育部社会科学司. 普通高校思想政治理论课文献选编（1949—2006）[Z]. 北京：中国人民大学出版社，2003：152.

中小学校思想政治教育工作的重要内容。习近平总书记于2019年3月18日在学校思想政治理论课教师座谈会上强调："要把统筹推进大中小学思政课一体化建设作为一项重要工程，坚持问题导向和目标导向相结合，坚持守正和创新相统一，推动思政课建设内涵式发展。要针对不同学段，根据思想政治理论教育规律和学生成长规律科学设置具体教学目标，抓好教学目标设计、课程设置、教材编写、教学改革、教师培养、考核评价等环节，既不能揠苗助长、操之过急，又不能刻舟求剑、故步自封。课程设置要相对稳定，坚持大中小学纵向主线贯穿、循序渐进，各类课程横向结构合理、功能互补的原则，确保教材的政治性、科学性、时代性、可读性。"因此，我们可以从明确大中小各个学段思政课教学目标、构建有效衔接大中小学思政课教学内容、充分发挥教育教学主体作用以及创新教育教学手段和方式等方面进行集中发力。

（一）明确大中小学思政课教学目标，实现铸魂育人效果最大化

思政课作为立德树人的关键课程，无论处于哪个学段，其发挥的作用都是巨大的；无论哪个学段，最终的目标是一致的。虽然终极目标一致，但是由于学生的年龄和身心发展特点都不一样，因此针对不同学段，我们要采取的教学手段和教学资源的选择会产生很大不同，在教学过程中实现的课程具体目标也会有所区别。对此，面对不同学段的思政课、不同学段的学生，我们要研究学生的身心发展特点，从学生的实际情况出发，实现教学过程中具体目标向终极目标的转化。以"倡导绿色发展，增强学生环保意识"这一主题内容为例，用"算一算，你们家每天的汽车排碳量大概是多少"这样贴近小学生生活实际的问题，引导小学生关注温室气体排放。教师可以提前录制与课程内容相关的视频资料，在课堂上播放，让学生获得比较直观的感受。初中阶段的教师可以通过学校组织的黄河徒步等类似活动导入话题，围绕小清河的昨天、今天和明天，让初中生产生强烈

共鸣，提出问题："假如你是市长，如何防止污染反弹，让小清河'永清'？"同学们进行深入的讨论并思考，各抒己见。高中思政课教师讲授高中教材必修2《经济与社会》第二单元第三课第一框"坚持新发展理念"这一节课，可以组织高中生走访济南市生活废弃物转运处理中心和相关社区的调查活动，让学生实地了解生活中垃圾分类存在的问题，进而深刻理解垃圾分类的重要性，增强学生的环保意识与社会责任感。在2019年3月18日学校思想政治理论课教师座谈会上，习近平总书记强调大中小学"循序渐进、螺旋上升"地开设思政课，并指出："青少年阶段是人生的'拔节孕穗期'，最需要精心引导和栽培。"这就启示我们思政课教师，我们的思政课要与青少年的身心发展特点相适应，将"拔节孕穗期"具体化，增强思政课的针对性和实效性。在小学阶段，小学生刚接触社会实际问题，对社会中的问题与现象充满好奇，缺乏正确的认知，容易受到外界影响。所以在小学阶段，思政课的教学目标主要是对小学生开展启蒙教育，讲授大量的美德故事，通过介绍先进人物的事例，让小学生在内心深处埋下真善美的种子，从小树立正确的世界观、人生观、价值观，避免社会中的不良因素对小学生身心产生不利影响。中学阶段学生的独立性和自主性有了很大提升，思维能力逐步提升。这个阶段的学生开始更加关注社会热点和实际问题，对于社会中存在的现象有了较为完整的理解。因此，这个阶段的教学目标主要是培养学生的理解能力和认同能力，增强学生的辩证思维能力，提升学生的综合素质。思政课教师要注意知识的价值性，帮助学生树立正确的价值导向。生活即教育，经历即成长。思政课教师可以结合当前国家及本地区的实际情况，引导学生运用所学知识分析现实具体问题，将生命教育、爱国主义教育、信念教育、感恩教育等融入思政课堂，引导学生感悟家国情怀，让学生与祖国同频共振。

（二）构建有效衔接的大中小学思政课教学内容，做到知识性和价值性相统一

不同学段的课程内容有很多相似之处，例如爱国主义教育、理想信念教育、道德教育等。面对这些相似的内容，我们既要避免因教学内容简单重复而影响了育人效果，又要做到知识性和价值性的有机统一，这是摆在思政课教师面前的难题。思政课教师不仅要充分挖掘不同学段思政课知识的重点难点，又要精准抓住各个阶段思政课德育工作的核心，实现不同学段之间课程内容的纵向衔接，达到整体育人效果。山东省委教育工作领导小组印发的《山东省深化新时代学校思想政治理论课改革创新行动方案》提出，实施课程体系拓展行动。按照国家课程方案开齐开足大中小各个学校的思政必修课，开好"中华优秀传统文化"课程，推动开设"沂蒙精神"地方（校本）课程，构建完善整体性与层次性相统一、必修与选修相结合的思政课程体系。各个学校还可以结合社会实践活动，在不同学段组织学生进行社会实践，让学生在实践中学到知识，提升学生的理想信念。山东省济南外国语学校的初中道德与法治教研组和高中思想政治教研组分别开展了一系列"行走的课堂"教学实践活动，促进学校小课堂与社会大课堂的有机融合。济南外国语学校初中道法组的教师带领学生走进济南市中级人民法院，感受法治的力量，增强学生的法治意识与公平正义观念。此次活动让学生切身体验法院工作的各个环节，近距离感受法律的权威和法治的力量，有助于他们真正成长为尊法学法守法用法的公民。不仅如此，此次活动还让学生进一步感受到了人民法院的公正司法，增强了学生的法治意识。济南外国语学校高中思政组老师带领学生来到济南市槐荫区的青年公园派出所，现场体验政府执法与服务。通过这次活动，同学们了解了我国户籍制度的发展历程以及济南市的户籍政策，个别同学代表还与

治安民警一起模拟了出警现场，真实体验了民警的严格执法。这些活动体现了济南外国语学校在推动实践教学改革、促进大中小学思政课一体化建设方面的积极探索。我们要对大中小课程内容进行全局性和系统性的设计与规划，同时遵循整体与部分的关系，科学地统筹不同学段的课程内容，既要体现共同的育人机制，又要避免内容的简单重复，充分发挥各个教育教学主体的作用，实现教育合力最大化。

山东省济南市以创新实施"双贯通"思政课改革建设工程为抓手，统筹推进区域思政课改革，具体措施有以下几项。一是济南市建立起了市县两级齐抓共管、各类学校推动落实、广大思政课教师积极参与、全社会协同配合的工作格局，初步形成了全社会办好思政课、教师认真讲好思政课、学生积极学好思政课的良好氛围。二是济南市还邀请教育部大中小学思政课一体化建设指导委员会成员以及全国知名学者，为济南市思政课改革"把脉诊断"，为济南市的思政课改革提供了强有力的支撑。三是抓好教师这个办好思政课的关键因素。思政课教师的教学水平直接关系到立德树人目标的实现，关系到学生理想信念的树立。所以，思政课教师队伍建设要用习近平总书记提出的"六个要求"来加强自身建设。思政课教师不仅要有严谨扎实的教学态度，还要有与时俱进的广阔视野，要用先进的、符合时代精神的理论知识开展教学、引领学生成长。思政课教师还要政治性强，必须坚定立场与信仰，不能模棱两可。四是积极发挥学校作用。学校党委积极开展青少年党史教育，带领学生回顾党的光辉发展历程，感悟党在不同时期的伟大精神，从中汲取丰富营养和磅礴力量，激发学生继续前进的不竭动力。学校还围绕特定主题，组织大中小不同学段教师同台展示相同主题的教学活动，形成大中小学思政课教学教研常态化机制，不断探索思政课发展的新路径、新模式，探索可复制可推广的思政课教学模式。五是实现学校、家庭、社会的全环境育人，把铸魂育人贯穿在学生成长的每一个阶段、每一个环节。办好思政课，家庭和社会的作用也不能忽视。各类社会主体可以积极开展团建、党建、主题党日等活动，也可以积极配合学校举行灵活多样的社会实践活动。只有将全社会整体育人水平提高上去，育人的合力才能真正体现出来，才能最终推进大中小学思政课一体化的建设与发展。只有增强整个社会的育人氛围，大思政育人格局才能形成。

（三）创新教育教学手段和方式，用先进的教育理念引领学生全面发展

随着社会经济的发展，学生的思维方式也不断改变，传统"满堂灌"的教学方式已经无法满足学生多元化的需求了。第一，思政课教师要实现教学方式的创新，加大实践教学力度。理论与实践的有机结合，让学生对知识理解更加充分的同时，更有利于增强学生学习的积极性。第二，思政课教师要充分运用现代教学手段，发挥网络等新媒体优势，增强学生对学习的直观感受，促进学生理想信念的形成。思政课教师还要充分利用校外资源，将校内课堂教学与校外实践活动有机结合，实现一体化发展，从整体上提升思政课育人效果。第三，思政课教师还要实现德育工作评价机制的创新。中学生的世界观、人生观、价值观的建立与理想信念的树立本就是一个持续的、发展的过程。教师对学生主体的德育水平的评价既要关注目前学生的成长变化，同时还要用发展的眼光，随时关注学生未来的发展趋势。所以，制定评价标准不能只看短期效果，还要看长远发展，这是其一。其二就是，评价的主体要更加多元化，既要有学校教师，又要有父母等家庭成员，还应有学生自己等。这样才能让评价的结果更加全面和客观，更加有利于学生的身心健康发展和正确价值观的形成。总而言之，要不断完善和建立系统性的评价体系，创新评价方式，充分保障学生全面、健康地发展，实现整体育人的效果。

二、当前大中小学思政课一体化建设中存在的问题

大中小学思政课一体化建设关系到立德树人根本任务的实现和思政教育工作的有效开展。进入新时代，思政课一体化建设与发展面临着新问题和新挑战。在党的教育方针的指导下，经过多年的努力探索，我国的大中小学思政课一体化建设取得了可喜成绩，但其中也存在一定的问题。因此，我们要继续推进大中小学思政课一体化建设往更高更远的方向发展。

（一）思政课一体化课程内容建设存在的问题

思政课程内容建设是思政课一体化建设的重要环节，如果没有科学合理、目标明确的课程内容，会大大削弱立德树人功能的发挥。当前一些学校仍然将考试成绩作为衡量学生发展的重要或唯一标准，忽视思政课对人的引领与指导作用。还有一些学校仅仅将思政课作为学生学习党的大政方针政策理论知识的普通课程，忽视了思政课的德育功能。另外，目前的大中小学思政课程内容缺乏连贯性，各个学段所教授的内容断层现象严重。课程内容的连贯性主要是各个学段之间或者前后学段之间存在一定的连续性，前一学段的内容为后一学段的学习做好铺垫或者提供必需的学习知识，后一学段又是对前一学段知识的拓展和延伸，各学段之间的课程内容既符合学生的认知水平和生活经验，又能在每个学段的学习中螺旋上升，提高学生的认知能力和实践能力。但是在现实教学实践中，各个学段课程内容的不连贯，严重影响了思政课一体化建设的实效和思政课的德育功效的发挥。思政课程内容的不连贯在一定程度上体现了思政课一体化建设过程中育人目标不明确。受到传统应试教育思维的影响，思政课在现实的教学过程中仍然存在"比着课本画重点"的重讲授、轻育人的现象。甚至在个别地区个别学校里，思政课有被边缘化的倾向，这种重成绩、轻德育的教学目标无法真正地实现思政课的铸魂育人效果，无法真正帮助学生树立

正确的价值观，作出正确的价值选择。

（二）思政课一体化教师队伍建设存在的问题

新时代我们推动大中小学思政课一体化建设最关键的环节就是推动思政课教师队伍的建设。首先，各个学段的教师平时在教学过程中缺乏必要及时的交流与合作，常常出现"各教各"的现象。不同学段的教师本身就存在教学理念和教学方式的不同，为了推动思政课一体化建设，在日常的教学过程中，互通有无、相互借鉴等交流与研讨活动就显得格外重要。"思政课教学是一个整体，上下阶段之间是紧密联系的，只有从整体出发，做好学段之间的衔接工作，思政课教学才能取得更好的效果。"[①] 不同学段的知识存在相通性，加强不同学段思政课教师的教学交流与合作有利于发挥思政课的整体育人功能。当前全国各地积极开展建设大中小学思政课一体化活动，山东省济南市举办了多场教学现场会，每次围绕一个主题，大中小不同学段的教师同台教学展示，课后进行深入研讨。2021年济南市成功举办了"双贯通"思政课改革圆桌论坛。同年，济南市市直各个学校又举行了多次小初高"同上一堂课"的教学展示活动，为推进济南市思政课一体化改革与发展起到助力作用。思政课教师队伍建设直接关系到思政课教学效果的好坏。作为一名合格的思政课教师必须具有坚定的马克思主义信仰、坚定的政治立场，不仅要具有丰富的理论知识，还要具备深厚的道德素养。但是，当前在思政课教师队伍中出现了一些问题，如教学理论态度不严谨、自身理论素养不高、只关注学生成绩、缺乏培育中学生理想信念教育的意识等，导致思政课立德树人的效果大打折扣。

如何破解大中小学思政课一体化建设中存在的问题，我们可以从以下几个方面入手解决。第一，加强思政课教师团队建设，建设一支高质量的

---

① 唐小晓，何燕.高中思政课与大学"马克思主义基本原理概论"课教学衔接研究[J].思想政治课研究，2016（04）：12—17.

思政课教师队伍。思政课教师要具备扎实的理论知识和高度的道德素养。第二，建立健全思政课教师教育教学评价机制，评价方案应该紧紧围绕不同学段学生育人效果展开，不能仅仅是对学生成绩的简单考察。评价机制要积极引导思政课教师将更多的时间和精力投入思政课一体化建设，评价标准也要更加多元化，建立教育教学水平、科研水平、政治素养、道德素养等不同维度评价标准。第三，根据不同学段的教育教学目标，制定科学合理的课程内容，使不同学段的课程内容具有连贯性和实效性，充分发挥不同学段思政课育人功能。不同学段课程内容之间应该遵循循序渐进、螺旋上升的原则，而不是对同一内容的简单重复，应该是根据不同学段学生的思维认知特点和身心发展特点，使课程内容在深度和广度上有所拓展和提高。第四，教育行政部门要加大政策上的支持力度。教育行政部门不仅要充分保障思政课教师的待遇，还要为思政课教师在一体化建设过程中提供有利的科研与资金支持。做好不同学段的思政课教师一体化培训工作，聘请国内马克思主义研究领域的著名专家学者举办讲座，提升思政课教师的马克思主义理论水平。提供一定的制度保障，充分调动思政课教师参与一体化建设的积极性与主动性。教育行政部门也应该为不同学段思政课教师之间的交流与相互学习借鉴提供平台与资源。积极鼓励大学思政课教师走进中小学课堂，深入了解中小学思政课的相关内容，同时中小学思政课教师也应该走进大学课堂，对大学思政课进行深入学习和研究。

新时代推进大中小学思政课一体化建设，是习近平总书记重点强调部署的教育教学改革工作。"思政课要用科学理论培养人，遵循不同学段学生的认知规律，把马克思主义基本原理讲清楚、讲透彻。同时，马克思主义是在实践中形成并不断发展的，要高度重视思政课的实践性，把思政小课堂同社会大课堂结合起来，在理论和实践的结合中，教育引导学生把人生抱负落实到脚踏实地的实际行动中来，把学习奋斗的具体目标同民族复兴的伟大目标结合起来,立鸿鹄志,做奋斗者。"① 我们要在习近平新时代中国特色社会主义思想的指导下,及时解决思政课建设中存在的问题,厘清大中小学思政课一体化建设的三级进阶体系,结合不同学段学生的特点,用马克思主义的科学理论武装大脑,助力中学生树立坚定的理想信念。

---

① 习近平.在学校思想政治理论课教师座谈会上的讲话[N].人民日报,2019-03-19.

第六章　新时代中学生理想信念教育的实践探索

第一节　明德尚实　活动引领　创新施教
——济南市莱芜第一中学理想信念教育实践探索

正所谓浇花浇根，育人育心，只有解决好学生世界观、人生观、价值观的问题，解决好学生理想信念的问题，才能更好地立德树人、凝心铸魂。"志不立，天下无可成之事"，理想指引人生方向，信念决定事业成败，没有理想信念，就会导致精神上缺"钙"。中学生正处在价值观形成和确立的时期，树立正确的理想、坚定的信念十分紧要。不仅要树立，而且要在心中扎根，一辈子都能坚持为之奋斗。

在2018年召开的全国教育大会上，习近平总书记明确指出，"培养什么人，是教育的首要问题"。教育不仅要传播知识、传播思想、传播真理，还要塑造灵魂、塑造生命、塑造新人。坚持育人育心，引导学生将所学所见、所思所悟转化为难以撼动的价值准则，让他们树立与时代主题同心同向的理想信念，是当代教育工作者的光荣使命。习近平总书记还指出，教育学生"要在坚定理想信念上下功夫，教育引导学生树立共产主义远大理想和中国特色社会主义共同理想，增强学生的中国特色社会主义道路自信、理论自信、制度自信、文化自信，立志肩负起民族复兴的时代重任"。

中学生理想信念教育的培养是一个系统性工程，是一项艰巨的、长期的、基础性的道德教育工程。作为教育工作者，必须深刻理解中学生理想信念教育的时代要求，准确把握其发展方向，立足当代中学生成长实际，遵循中学生理想信念教育的客观规律，科学谋划，切实加强中学生理想信念教育。把理想信念教育的培养目标与中学生个人终身发展结合起来，真正让中学生把个人理想与建设中国特色社会主义的共同理想相融合，把个人奋斗和全面建设社会主义现代化强国的奋斗相融合，把小我融入大我，为了实现中华民族伟大复兴，汇聚实现中国梦的强大力量，坚定自己的理想信念。如今的中学生大多生活在物质充盈的环境中，没有经历过血与火的历练，人生阅历也很有限，再加上移动互联网时代的到来，他们很容易陷入思想迷雾。因此，通过教育引导中学生学而信、学而思、学而行，帮助他们坚定理想信念、筑牢精神之基、补足精神之"钙"显得尤为重要。

济南市莱芜第一中学（以下简称"莱芜一中"）历经六十余年的办学历程，始终坚守教育的初心和使命，凝聚出"明德尚实"的校训。"明德"，语出《大学》，即认同、践行、弘扬、彰显光明正大的品德。"明德"，体现了莱芜一中以"德"为立校之本的办学传统，德育为首，大气谦和，致力于培养有德行、有修养的人；"明德"，也体现了学校对师生员工的要求，要以"德"为立人之本，爱国、爱党、爱民，友天、友地、友人，自强、自律、自悟。"尚实"，就是要尊重客观规律，真诚做人做事，不张扬，不虚妄。"尚实"，体现了学校以"实"为工作之本的一贯工作作风，治学严谨，务实民主；也体现了学校的育人方向和对师生员工的要求，以"实"为做人之本，教人求真，学做真人。近年来，莱芜一中不仅在"传道授业解惑"方面有突出的成绩，而且在凝心铸魂、立德树人、理想信念的培养方面取得了显著成效。特别是2018年以来，学校积极响应最新高考评价体系和课程标准的要求，落实立德树人的根本任务，着力解决培养什么人、为谁培养人、怎样培养人的根本问题，进一步优化办学思路，转变教学发展模式，以学校教师发展部、学生发展部、教科室等为平台，以思想政治学科为主要载体，大力推进活动型教学，为坚定学生理想信念、落实立德树人根本任务提供了良好的契机。

一、立德树人，必先立己；铸魂培根，必先铸己

打铁还须自身硬。要想让学生坚定理想信念，教师自身必须要树立正确的理想和坚定的信念。莱芜一中一直非常重视对教师各方面素养和能力的培养，利用学校教师发展部、学生发展部、教科室等平台，为下一步培养学生的理想信念提供了丰厚的力量源泉。

（一）以阅读节活动为平台，拓宽教师视野

腹有诗书气自华。每年的3月份左右莱芜一中教师发展部都会积极组织全校师生开展阅读节活动。先由学校下发总体规划方案，再由各个学会根据自己的实际情况制定符合本学会的具体实施方案，然后由各个级部的负责人具体组织实施，最后还要举办颁奖仪式。具体实施方案可以是读书并写读后感，也可以是朗诵比赛、演讲比赛等，让教师在读书和比赛中感受"腹有诗书气自华"的快感，领会"书中自有颜如玉"的魅力，体会真理的力量。

（二）以课题和论文为抓手，提高教师科研能力和水平

"教而不研则浅，研而不教则空"。莱芜一中学校领导高度重视本校教师的教育科研能力的培养。每年11月份左右，学校教科室积极动员全校

教师进行论文的撰写和课题的研究，第二年会对教师撰写的相关论文和课题进行评选，并将评选结果纳入年终考核，优秀论文会被录入校刊《教科研》进行推广。这些活动大大提高了教师教育科研的积极性和主动性。坚持以课题和论文为抓手，教师不断发现探索、实践反思，从而形成很多有价值、有影响力的研究成果，真正形成课题研究反哺教育教学、助力立德树人、践行德育理念的良好循环局面。很多课题和研究论文对培养学生的理想信念提供了充实的理论支撑。

（三）以先进理论学习为契机，提升教师理论水平

自"学习强国"平台上线以来，莱芜一中充分运用其丰富的资源，随时随地督促全体教师特别是全体党员教师学习党的路线方针政策，学习习近平新时代中国特色社会主义思想，学习中国共产党的发展史，学习各自学科的相关教学资源等理论知识。一系列的理论学习活动在无形之中提高了教师的专业理论水平和党史理论水平，筑牢了教师理想信念的根基。同时，学校还积极组织教师，特别是党员教师进行党史知识竞赛等活动，促使广大教师从我们党探索中国特色社会主义历史发展和伟大实践中，认识和把握人类社会发展的一般规律，认识和把握中国特色社会主义的历史必然性，从而不断树立为共产主义远大理想和中国特色社会主义共同理想而奋斗的理想信念。

二、文化引领，活动搭台，传播正能量，塑造积极向上的校园氛围

（一）用高雅浸润心灵，用文化滋养精神，充分发挥校园文化、班级文化、宿舍文化的熏陶作用

如果校园是一片知识的海洋，那么校园文化、班级文化和宿舍文化便是那闪着德育光辉的粼粼细浪。校园作为学生生活的重要场所，理应成为传播正能量的阵地，让每位走进校园的学生都能在潜移默化中受到文化的

熏陶。中学生是祖国的未来，是社会主义事业的建设者和接班人，他们的价值取向决定了未来整个社会的价值取向。"勤奋是成功之花的蕊，是理想之舟的帆""启世纪之航，扬理想之帆""顽强的毅力可以征服世界上任何一座高峰"等随处可见的标语，激活了莱芜一中校园的每一面墙壁，不断向学生和教师无声地传递着正能量，浸润着学生和教师的心灵，坚定着学生和教师的理想信念。其中，莱芜一中特别注重用社会主义核心价值观教育学生，用社会主义核心价值观引领学生的成长。行走在莱芜一中校园内，穿梭在莱芜一中每一个教室中，你会随处可见社会主义核心价值观的身影。一系列"无声"文化的引领，将整个校园浸润在正能量的光环之中，从而激发了学生积极向上的心态。

（二）用活动搭建平台，用信念点亮人生

为深化课程改革，全面推进素质教育，活跃学生校园文化生活，充分挖掘教育的德育功能，莱芜一中积极落实学生自我锻造工程，以活动为载体，坚持活动育人的原则，为学生成功、成才、成人搭建平台。

1. 组织各项评比活动，采用身边榜样激励学生信念

在莱芜一中一年两次的"星满校园"活动中，评选出的"学习之星""文明之星""礼仪之星""生活之星""勤奋之星""管理之星""道德之星"等，让学生从多方面找到了学习的榜样，促使学生全面提高自身素质。校园之星的评选过程注重学生参与，让参选学生在评选中得到锻炼，让其他同学在评选过程中获得感召，充分发挥了先进典型的引领激励作用，在学生中营造了遵守纪律光荣、尊师爱校光荣、刻苦学习光荣、爱党爱国光荣的良好风气，营造出校园特有的积极进取的青春激情和昂扬向上的浩然正气。

2. 开展悼念烈士系列活动，激发学生爱国情感

为深入开展爱国主义和革命传统教育，切实增强广大学生对国家和民

族的历史责任感和使命感，传承红色基因，缅怀革命先烈的丰功伟绩，莱芜一中每学期都会组织学生接受红色教育。比如以缅怀革命英烈为主题的英烈事迹展览、诗歌朗诵会、红色歌曲演唱会、红色电影赏析、主题班会和主题党团日等活动。邀请革命先辈和各行业的英雄模范作报告、讲故事，用身边人、身边事感染师生、激励师生。充分利用莱芜战役纪念馆、汪洋台、云台山等各类爱国主义教育基地，广泛开展缅怀革命英烈的纪念活动。还会按照就近就便的原则组织学生到烈士陵园祭扫、献花，举行庄重而有意义的入党、入团、入队仪式和成人仪式，引导广大学生继承英烈遗志、激发爱国热情。组织广大师生到红色旅游景点、烈士陵园等开展志愿服务活动，进行文明祭祀宣传，倡导绿色文明祭奠新风。同时，莱芜一中还会开展网上祭英烈活动。在每年的4月5日之前组织师生登录济南文明网"网上祭英烈"活动专题网页，通过向烈士网上献花、发表祭奠感言等方式缅怀烈士丰功伟绩；组织师生登录中国英烈网查看和完善烈士信息，开展"我为烈士来寻亲"活动，一起帮助烈士回家，以实际行动表达对英烈的感恩和敬仰之情。江流有声，断岸千尺。传承是最好的缅怀，奋斗是最好的纪念。一系列活动翻阅和收藏着革命记忆，怀揣着温情与敬意，让学生不断汲取时代的精神养分。

3. 举办校园文化艺术节活动，用艺术净化学生心灵

校园文化节活动坚持先进文化的导向，弘扬中华优秀传统文化，秉承团结和谐奋进理念，构建和谐校园，憧憬社会主义和谐社会的美好未来，具有鲜明的时代性、思想性、艺术性，围绕爱国教育、爱校教育、道德教育等主题，充分反映学生热爱祖国、热爱学校、奋发向上的精神风貌。学生在校园活动中完成了一次又一次内心的文化寻根之旅，并以审视的目光与传统进行对话，让学生们感受到世界是充满艺术的灵动色彩，为学生成长为能发现美、创造美的更健全的时代新人奠定了基础。

三、引领示范，砥砺前行，充分发挥班主任对学生理想信念培养的引领带头作用

班主任是班级的组织者、教育者和引领者，是学校教育计划和其他各项管理的实施者，是沟通学校、家长、社会的桥梁和纽带。班主任责任重大，班级管理的优劣直接影响学生是否健康成长。因此，班主任在德育工作方面，特别是在学生理想信念的培养方面发挥着不可替代的作用。

（一）班主任对中学生理想信念的培养，不能只是简单的说教

简单的说教是走不进学生的心灵的，要发挥各种教育渠道的作用，让实例、活动等触动学生的内心，让教育在"无痕"中进行。莱芜一中班主任对中学生理想信念的培养，除了通过常规的日常交流之外，主要是通过每周一次的主题班会、观看优质影片、升旗仪式等活动进行。每周的班会主题会根据时政热点或者班级出现的某种现象、某种问题等确定，由班主任制作课件、搜集相关视频资料等，由学生轮流展示、讲解，并进行交流互动。优质影片视频会根据各任课教师的推荐确定。每周的升旗仪式由各班轮流策划主持，会有一名学生和一名教师在国旗下演讲并带领学生宣誓。每周每一项活动的进行都会潜移默化地在学生心中埋下真善美的种子，筑牢理想信念的根基。

（二）以家访为依托，打通学校教育和家庭教育的"任督二脉"

家访是进行个别学生指导、解决个性教育的重要渠道。亲其师，才能信其道。家访可以让教师更加全面地了解学生状况，拉近师生之间的距离，让学生更加亲近教师、信任教师。莱芜一中每学期都会有家访的计划，特别是寒暑假，教师会全覆盖地对学生进行家访，让教师和家长及时精准地掌握学生的动态，特别是针对有心理波动、学习动力不足的学生，会更加关注和引导。这极大地鼓舞了学生的士气，激发了学生的学习动力，有利于学生理想信念的铸造，助力学生健康平安、积极向上地成长。

四、内外联动、知行合一,坚持"社会大课堂与思政小课堂融会贯通",在实践中坚定学生理想信念

2019年3月18日,习近平总书记在学校思想政治理论课教师座谈会上强调,"思政课作用不可替代,思政课教师责任重大"[①]。要推动思想政治理论课改革创新,要不断增强思政课的思想性、理论性和亲和力、针对性,要做到"八个相统一"。《国务院办公厅关于新时代推进普通高中育人方式改革的指导意见》(国办发〔2019〕29号)指出,要拓宽综合实践渠道。健全社会教育资源有效开发配置的政策体系,因地制宜打造学生社会实践大课堂,建设一批稳定的学生社会实践基地。充分发挥爱国主义、中华优秀传统文化、军事国防等教育基地,以及高等学校、科研机构、现代企业、美丽乡村、国家公园等方面资源的重要育人作用。

莱芜一中深入学习贯彻习近平总书记在学校思想政治理论课教师座谈会上的重要讲话精神,认真贯彻落实中共中央办公厅、国务院办公厅印发的《关于深化新时代学校思想政治理论课改革创新的若干意见》,认真贯彻落实中共中央宣传部、教务部印发的《新时代学校思想政治理论课改革创新实施方案》,同时,积极响应济南市教育局推进的以"纵向贯通的大中小学思政课一体化建设和横向贯通的'理论+实践'教学改革为主要内容的'双贯通'精品思政课改革建设工程",坚持用习近平新时代中国特色社会主义思想铸魂育人。近年来,莱芜一中积极推进思政教学改革,内外联动、知行合一,开展丰富多彩的实践教学活动,坚持"社会大课堂与思政小课堂融会贯通",在发挥思政课的育人功能方面取得了显著成效。

(一)采用多媒体技术手段,将有效社会资源引入思政课堂

一直以来,大多数的思政课教学形式还是以教师讲解为主,教师多用

---

① 思政课作用不可替代 思政课教师责任重大 [N]. 光明日报,2019-03-19.

课本中的事例探究来解释知识点,教学模式单一,教学内容相对固定与封闭,教学形式比较枯燥,对学生核心素养和理想信念的培养的作用可以说是微乎其微。在信息大爆炸时代思政课教师不应仅仅是知识的传授者,更应该是学生人生道路的引领者。要通过引入网络资源,与思政课理论知识相融合,让思政课变得有滋味、有情义,能够引起学生情感的共鸣,使学生对所学的理论知识产生强烈的认同感,从而激发学生的学习兴趣,为理想信念的培养埋下智慧的种子。莱芜一中的思政教学课堂,会紧扣课本知识点,寻找有利于培养学生增强道路自信、理论自信、制度自信、文化自信的内容,抓取能够厚植青年学生爱国主义情怀、树立正确价值取向的正面网络素材,设置具有思辨性的问题,让学生的理想信念在思辨中水到渠成地形成。或者引导学生在课堂上开展"时评""社会热点播报"等活动,让学生自己发现热点话题,感受身边鲜活的案例,从具体的案例中补足精神之"钙"。

(二)深入红色实践教育基地,进行思政现场实践教学

近年来,实践教学逐渐被教育界所重视,旨在让学生更加深入地学习和理解知识,更加有效地掌握和运用知识,更加直观清晰地体会知识背后所蕴含和体现的价值,更能充分地发挥知识的德育功效。可以说实践教学赋予了思想政治灵魂,使其可以鲜活地呈现在学生们面前。要明确的一点就是,思政实践课程并不是孤立的,不能流于形式,盲目实施。要想思政实践课程取得良好的效果,必须以理论知识为指导。也就是说,在学生参与实践之前,教师要把实践过程中涉及的重要知识点教授给学生,给学生布置几个相关议题,让学生记住整个实践的流程,让学生带着任务,带着探索的精神参与到整个实践教学过程之中。

2021年5月莱芜一中思想政治学会的所有思政教师为缅怀革命先烈,传承革命精神,怀着无比崇敬的心情,组织61级2班的学生到莱芜小三线

实践教学基地参观学习并进行了现场实践教学活动。此次活动由思政学会副会长张梅玲老师组织策划，由左文慧老师执教，取得了非常好的反响。师生们首先在讲解员的指引下参观了小三线纪念馆，在"红色历史陈列馆"里，陈列墙上的那一张张珍贵的照片向学生们讲述着英烈们当年艰难为祖国奉献的故事，每一个故事都深深感染着学生。学生们看到革命先烈们俭朴的生活用品，听到他们的感人事迹时都为之动容，不禁热泪盈眶。讲解员告诉同学们，有人历经革命斗争与建设改革年代，阅尽世纪沧桑；有人正值芳华，却为国家的尊严、人民的幸福献出宝贵的青春。他们把自己对祖国炽热的心捧到世人面前，放大了生命的价值与光华。讲解员还时刻提醒学生们要珍惜现在的美好生活，增强责任担当意识，守护先辈们的荣光，努力为新时代中华民族的伟大复兴贡献自己的一份力量。在学生们参观完纪念馆后，左文慧老师结合必修1《中国特色社会主义——在艰辛探索中前进》相关知识进行了现场授课。左老师首先让学生们交流了参观的感受，当他们谈到参观感触的时候，声情并茂又发自肺腑，可以看出此次走进社会"大课堂"的参观已经对他们产生了很大影响。然后左老师结合课本和史实材料声情并茂地给学生们上了一堂极富德育思想的思政课，学生们能迅速领会书本上社会主义建设者们艰辛探索的历程和伟大的成就，并对中国社会主义建设探索作出一个正确评价。特别是学生们在课堂上观看了成昆铁路建设视频，当看到这一世界铁路史上的奇迹是无数铁路人用鲜血和生命打造的时，学生们潸然泪下。在教师引导学生们谈感想的时候，很多学生含着热泪庄严写下自己的承诺，升华了自己的情感。这节课是十分成功的，紧扣理论与实践相结合的观念，既让学生掌握了书本知识，知道了中国三线建设这段历史，也升华了学生的情感，让学生铭记今日的幸福生活来之不易，唯有沿着先烈的足迹继续前行，方才称得上新时代奋斗者。通过此次参观教育活动，学生们的心灵受到了震撼。红色文化在熏陶着渴求知识的学子们，给他们指引着方向。学生们真切地感受到革命先烈艰苦奋斗、无私奉献的伟大精神，更加坚定了理想，补足了精神之"钙"，立志好好学习，成为一名对社会有用的人。

（三）采用情境式教学，通过角色扮演感悟理想信念的力量

情境模拟是教师有目的地引入或创设生动具体的场景，让学生在角色扮演和亲身体验模拟中理解知识、开拓思维、提升能力、激发情感的教学方法，具有直观性、实践性、趣味性和生活性等特点，可以有效解决理论与实践相脱节、德育理念强行植入等问题。在情境式教学实践过程中，教师要紧密结合教学需求与主题，给学生以明确的角色分工，引导学生在模拟情境中主动思考问题、探究和解决问题，并达到提升素养和坚定理想信念的效果。

2021年6月，莱芜一中60级思政课师生在莱芜一中研修中心举办了"模拟法庭"情境模拟教学活动。此次教学活动由60级政治教研组长张梅玲老师组织策划，由60级1级部10班同学展演，取得了非常好的反响。学生们在穿上法袍的那一刻激动万分，顿感责任在肩。通过扮演法官、律师、原告及被告、证人等具体角色，学生们身临其境近距离体会和感受到了法律的威严和司法的公正性，深入了解了我国实施依法治国的重要性，从而潜移默化地培养了对我国法律制度的政治认同感，增强了学法懂法的法治意识和积极守法、用法、弘扬法律的社会责任感，增强了思政课堂的思想性和感染力，特别是在模拟法庭的最后一个环节，即现场宣誓环节，全体同学站立，紧握右拳，在审判长带领下庄严宣誓。活动带给学生的震撼效果和对学生理想信念的教育是"小课堂"所达不到的。

（四）邀请家长进思政小课堂，充分发挥家委会的优势资源

家长进课堂是指家长作为志愿者，基于自身生活经验、工作经历或专业特长参与孩子所在班级或学校的教育教学活动。教育离不开社会、学校

和家庭，具有不同社会经历和职业背景的家长理应成为学校多元化教育的重要资源。家长进校园参与学校教学和管理，为学校和家庭的合作提供桥梁和纽带。由于学生家长来自不同的工作岗位，从事不同的专业，所以他们所讲的内容更丰富、更多彩、更接地气。家委会根据课程的需要，积极寻找到家长朋友的专业知识和课本知识的契合点，邀请不同职业、身份的家长朋友走进课堂，有利于发挥家长榜样作用，拓宽学生视野。

例如，在学习高中思想政治必修3《法治与生活》第八课"法治国家"的时候，家委会邀请到了在中级人民法院工作的学生家长进入课堂，为学生讲解了我国法律，特别是民法典的相关知识和相关案例，之后让学生畅所欲言，在交流过程中学生学到了课本上很多没有呈现的知识和事例，特别是家长用现实案例解析法律知识的时候，透过学生庄重、严肃的表情可以看出，学法、守法、懂法、用法的理想在学生心中慢慢扎根，学生们更加深刻地体会到了法律的威严和学法、懂法、守法的重要性以及维护社会公平正义、维护公民合法权益的重要性，培养了积极推进法治国家建设的强烈责任感。在学习必修4《哲学与文化》第六课"实现人生价值"的时候，家委会邀请到的家长是济南市人民医院的医务工作者，该家长给学生们讲的是紧急医疗过程中医务人员的事例，深深感染着每一名学生，让学生在聆听中自然地增强了对医务工作的了解，产生了对医务工作者的敬佩之情，增强了立志为祖国奉献自己力量的信念与决心。这些鲜活的富有正能量的身边的人和事让学生终生难忘，不仅让学生更加深入地理解了枯燥抽象的理论知识，更让学生明白了不同职业、不同行业的责任担当，从而更加坚定了理想信念。

（五）以评比促发展、展风采，激发学生内生动力

学校发展看师生，内涵发展看外显。为了让学生心中的"声音"充分展现，为了更加坚定学生的理想信念之基，莱芜一中的思政课堂学会组织

学生课前畅谈、评论当前最新时政热点和社会热点，每周至少组织两次，由教师选材，让学生谈感想或点评，最后由教师总结提升，每月组织一次"最佳评论员"评选。在每一次的畅谈、评论中，评论员将自己心中所想所信所念真真切切用声音传达给大家，感染着周围每一个人。环境影响人，榜样吸引人。当同一件事情由身边的同学讲出来的时候，对学生的影响是不可小觑的。同时，莱芜一中每个学期还会组织学生参加"思想政治小论文评比"的活动。比如，在中国共产党建党100周年之际，组织学生围绕"学党史、强信念、跟党走"这一主题，撰写政治小论文，并颁发等级证书，让学生用笔尽情表达心中的"声音"，充分激发了学生的内生动力。

第二节　补足精神之"钙"　加强理想信念教育
——济南新航实验外国语学校理想信念教育的实践探索

作为山东省实验中学与山东出版集团精心打造的一所高起点、现代化的十二年一贯制学校，济南新航实验外国语学校与山东省实验中学在精神气质上一脉相承，师资力量上资源共享，是名副其实的实验学校。学校遵从"让每一个生命都精彩绽放"的理念，以创建促进学生全面而有个性发展、具有国际视野的特色课程体系作为保障，努力创办"高境界、高品质，能够影响学生终生发展的教育"，旨在培养尚德求思、卓越笃行、面向未来的"齐鲁君子，世界公民"。

"为谁培养人、培养什么人、怎样培养人"始终是教育的根本问题，其中"培养什么人"是教育的首要问题。习近平总书记强调，要努力构建德智体美劳全面培养的教育体系，并要求"把立德树人作为教育工作的主线，融入思想道德教育、文化知识教育、社会实践教育各环节，贯穿基础教育、职业教育、高等教育各领域"。① 无论是"德智体美劳"还是"立德树人",德育都排在第一位,足以说明德育在学校教育和青年成长中的重要地位和作用,社会及各方面同样都对加强德育工作有着更高的期待。

随着社会的不断发展和变革,新时代中学生与以往中学生的学习、生活环境也发生了明显的变化,他们的思想发展状态和精神追求也随着时代发展而出现新的特点。教育部在2017年印发的《中小学德育工作指南》就明确要求,"大力促进德育工作专业化、规范化、实效化"。这就要求学校探索新时期德育工作特点和规律,创新德育工作的途径和方法,努力增强德育工作的吸引力、感染力和针对性、实效性,切实增强实际效能,为青年成长注入精神营养、提供道德规范。

在学校德育工作中,理想信念教育是一个永恒主题,是学校德育教育的重要内容。《求是》杂志曾发表过一篇习近平总书记的重要文章《坚定理想信念 补足精神之钙》。文章指出,理想信念是共产党人的精神支柱和政治灵魂,也是保持党的团结统一的思想基础。理想信念就是共产党人精神上的"钙",没有理想信念,理想信念不坚定,精神上就会"缺钙",就会得"软骨病"。爱因斯坦也曾经说过:"每个人都要有一定的理想,这种理想决定着他的努力和判断的方向。"身为新时代的中学生,自然离不开坚定的理想和信念作为指引,高中阶段更是树立正确的世界观、人生观的重要阶段,加强理想信念教育显得尤为重要。中学生只有树立明确的理想和信念,才能找准自己的定位,明确自己的奋斗目标,才能在遇到困难挫折时百折不挠、奋勇争先。为加强高中生理想信念教育,丰富充实高中生的精神之"钙",新航实验外国语学校围绕教育理念和学情特点开展了一系列理想信念教育活动,取得了显著成效,积累了大量典型经验。

基于此,遵循《中小学德育工作指南》的要求,济南新航实验外国语

---

① 努力构建德智体美劳全面培养的教育体系 [N]. 光明日报,2018 – 09 – 14.

学校结合工作实际，组织开展了入校教育及对新航高中生理想信念教育的调查研究，挖掘和梳理现阶段高中生的理想信念状况、特点以及对课堂和德育活动中的理想信念教育的反馈。依据基本理想信念状况、思政课堂及德育活动中的理想信念状况数据分析排查出问题，针对相应问题分别从课堂及德育活动进行对应的路径和方法实施，以此提升高中政治课教学及德育活动中理想信念教育的实效，发挥育人价值，更好地对学生进行潜移默化的引导和影响，为高中生的成长提供更丰厚的精神之"钙"。

一、学校高中生理想信念教育现状调查

学校主要围绕当前高中生的理想信念状况和学校理想信念教育现状特点两个方面展开调查研究，以线下调查为主，通过调查结果分析梳理出高中生理想信念教育过程中存在的问题，并将发现的问题反馈到后续的教学过程及德育活动中，不断加强学科教学和德育活动中的理想信念教育，为培育在校高中生积极健康的"三观"和马克思主义理想信念提供现实依据。线下问卷主要包括调查对象的基本信息情况、学生理想信念状况、高中思想政治课中关于理想信念教育的实际情况以及学校开展的德育活动中理想信念教育状况四部分内容。其中，学生理想信念状况部分主要围绕学生对理想信念的理解程度、重视程度、如何实现理想信念及遇到现实冲突情况时如何抉择等方面进行调查；高中思想政治课中理想信念教育状况部分设有选择题和开放题两种类型的题目，主要调查学生在课堂教学过程中进行理想信念教育时的感受及课堂、评价采用哪种教育方式更能激发学生的兴趣；学校开展的德育活动中的理想信念教育部分同样也分为两部分内容，主要分为学生对学校开展的德育活动是否感兴趣以及哪种德育活动更能调动学生的积极性、主动性两个方面。

学校理想信念教育现状的调查主要采用线下调查的方式，将调查问卷分发给每个班级的班主任，由班主任向同学发放，秉持保密、自愿的原

则，学生可对其进行作答。时间节点是从9月5日到9月20日，调查对象包括高中三个级部的全体高中生，这样既能了解新入学学生理想信念的基本情况，又能了解高二高三学生经过一两年的高中理想信念教育后的状况，以便在以后的高中政治课堂和德育活动中能有的放矢。本次调研共发放540份调查问卷，其中有效问卷529份。

（一）基本数据情况分析

通过统计数据发现（结果如图6-1所示），在性别比例中，男女生占比相当，分别占总人数的49.72%、50.28%。年级分布分析结果显示，高一年级学生占比最高，达到43.65%，高二、高三年级分别占29.83%和26.52%，由此可以看出，高一学生的积极性更高，面对关于理想信念的调查更加积极主动配合工作，且愿意去参加此类活动。关于"是否有学生干部经历"这一问题，有43.65%的学生有学生干部的工作经历。在政治面貌选项中，共青团员占比50.83%，群众人数占比49.17%，在所调查的高中生中团员数占总人数的一半，这一数据也体现出高中阶段开展理想信念教育以及加强对理想信念教育的重视程度是非常必要且可行的。

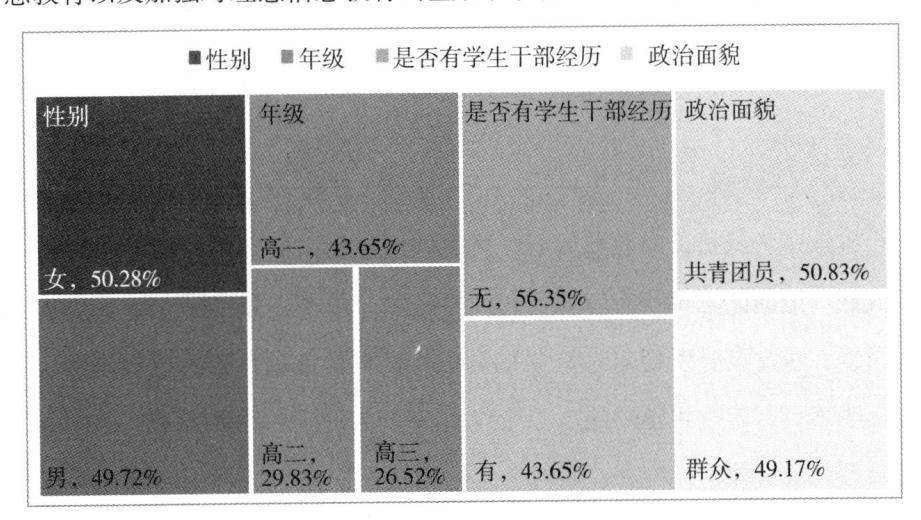

图6-1 数据统计分析图

（二）学校高中生理想信念教育现状表现

1. 学校高中生的理想信念状况整体积极健康

理想信念教育是一段持之以恒的教育过程，经过调查发现，学校高中生理想信念状况总体积极健康向上，思想道德素质有了较大提升。

通过高中生在对待理想信念的态度和树立情况的调查结果来看，学生能够清晰地认识到理想信念对个人成长发展的重要意义，如图6-2所示，选择"坚定理想信念对自己重要"选项的人数占总人数的98.89%，几乎所有被调查学生都对树立理想信念持肯定态度。

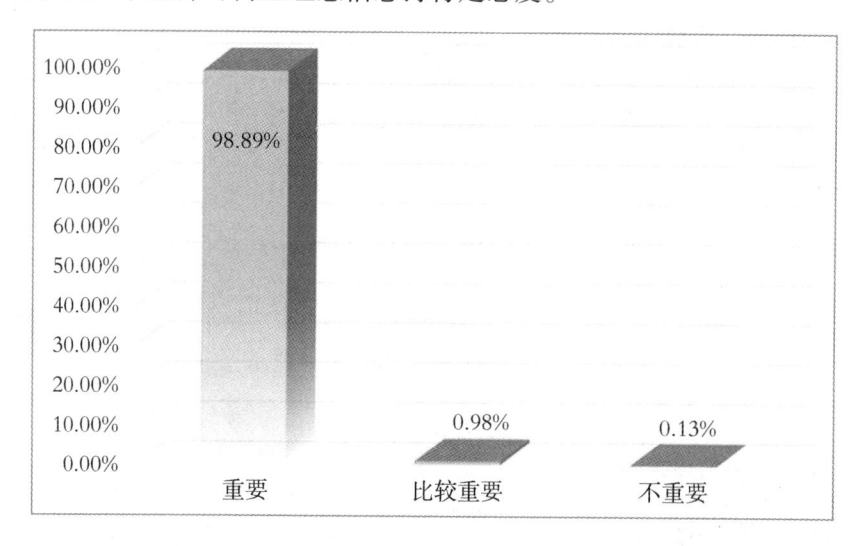

图6-2　高中生对理想信念重要程度的认识统计图

根据年龄分析，学校绝大部分高中生还处于未成年阶段，心智尚未完全成熟，他们的思想状态容易受到外界影响，包括自我的学习、生活状况等因素。通过调查发现，约90%的高中生认真思考过自己的理想信念，但真正明确且坚定理想信念的高中生仅有39.78%（如图6-3所示）。思想政治教育者应该重视并积极引导学生将意识层面的重视巩固上升到思想精神层面，使学生在精神层面有所追求，拥有强大的精神动力直面生活中的困难挫折。

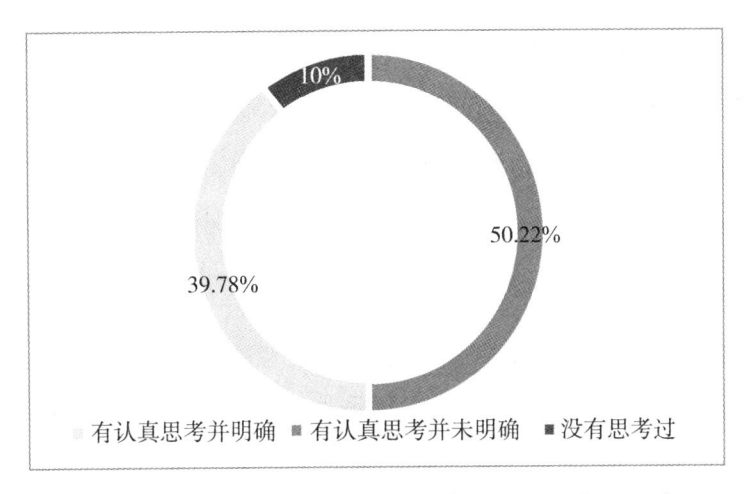

```
         10%

39.78%         50.22%

■ 有认真思考并明确  ■ 有认真思考并未明确  ■ 没有思考过
```

图 6-3 高中生对理想信念的思考与明确程度统计图

2. 多数高中生拥有乐观且明确的价值观

我们通过数据分析发现，所调查学生在理想信念形成的过程中，选择自身因素的占比是最高的，说明高中生理想信念发展的主体性显著增强，但在主体性不断增强的同时，他们在涉及集体利益、价值判断问题的时候，一半以上的学生仍选择了舍弃小我，实现集体的价值利益。由此可见，当前大多数高中生在面临个人利益和集体利益抉择时能够顾全大局舍弃小我。面对近几年发生的自然灾难，特别是在思想政治课堂中展示河南洪水等相关案例时，我们的青年群体包括青少年学生身上表现出了较强的社会责任感与使命感。

3. 有些学生对中国特色社会主义的认识不够深刻

参与调查的大部分学生能够阐释中国特色社会主义是中国特色社会主义道路、理论、制度的统一，却不能阐释其中的关系，在问卷调查中能够完整、正确回答三者内容及关系问题的只占 45.09%。这意味着他们对于中国特色社会主义的理解不是很充分，理论知识理解不深入，没有形成完整的理论认知体系。同时，学生对于中国特色社会主义历史必然性的理解也不够充分。调查数据显示，对于"中国特色社会主义理论体系是指导党和人民实现中华民族伟大复兴的正确理论",48.52%的学生选择"基本同意",高于"非常同意"占比2.7个百分点,这从侧面反映了学生对于中国特色社会主义有一定的认识,但理解不够深刻。这种现象出现的原因往往在于学生对于国家大事的关注度不够。在当今网络媒体、社交娱乐盛行的时代,学生被瞬息万变的网络信息世界吸引,对信息的分析能力和选择能力都有待增强。

4. 思政课中的理想信念教育形式吸引力不够

习近平总书记对广大思政课教师提出"政治要强、情怀要深、思维要新、视野要广、自律要严、人格要正"六项要求,并指出推动思政课改革创新,要不断增强思政课的思想性、理论性和亲和力、针对性。要坚持政治性和学理性相统一,要坚持价值性和知识性相统一,要坚持建设性和批判性相统一,要坚持理论性和实践性相统一,要坚持统一性和多样性相统一,要坚持主导性和主体性相统一,要坚持灌输性和启发性相统一,要坚持显性教育和隐性教育相统一。[①] 这些重要论述,为新时代思政课改革创新指明了方向。思政课中的理想信念教育对学生理想信念的树立起着重要作用,思政课是体现社会主义本质特征的重要课程。

我们通过分析调查问卷数据发现,在思想政治课程学习中,学生更喜欢"纵观历史,讲述经典作品与优秀人物事迹"以及"立足实际,以身边真人真事"开展理想信念教育的方式,不喜欢纯理论的讲解。由此可见,思政课教师要在保证"政治要强"的大前提下,创新思政课堂形式,将大道理融于生动案例,将理想信念教育融入课堂,并创新思政课堂的理想信念教育形式,把培养社会主义建设者和接班人这一历史使命和时代重任落到实处。

---

① 习近平.在学校思想政治理论课教师座谈会上的讲话[N].人民日报,2019-03-19.

5. 部分学生缺乏对社会主义核心价值观的实践

教师常常在课堂上对学生进行社会主义核心价值观教育，学生对社会主义核心价值观也有较高的认同度。但有些学校缺乏激励学生践行社会主义核心价值观的机制，这导致学生成了"理论上的巨人，行动上的矮子"。当思政课停留在说教上，思政课教师只停留在照本宣科时，思政课根本无法引起学生的兴趣和共鸣。用理论武装学生的头脑是思政课的一大使命，但不是全部，一切德育活动的最终目的都要落在学生的实际行动上，只有学生自觉践行社会主义核心价值观，思政课的意义才落到了实处。高中生处于青少年阶段，青少年是祖国的根基，根基稳健才能稳步发展。教育要想取得好的效果离不开管理的作用。无论是课堂教学还是社会实践都离不开对学生的管理。对学生的管理既包括在教学、社会实践中对学生进行的管理，也包括对学生日常生活的管理。教学过程是一个师生平等交流的过程，在这一过程中教师扮演着引导者的角色，起到的是指导的作用，而学生才是这一过程中的主体。所以在社会主义核心价值观的培育过程中，必须要打破传统的"唯教师独尊"的局面，必须转变以往教师充满说教意味的教育方式。在社会主义核心价值观培育过程中，教师必须将学生看作人格独立、思想情感独立的完整主体，必须以平等的地位来与学生进行沟通交流。在交流过程中，教师要充分尊重学生的意愿并给予学生发表自己观点的空间。因为在多元化的社会中，每个人对不同事物的认识往往带有不同的色彩，所以只有用心倾听学生的观点，才能在教育过程中从学生的角度考虑，才能完整和合理地将社会主义核心价值观传输给学生，内化为信仰，外化为行动。

二、学校理想信念教育实施路径

"青年一代有理想、有担当，国家就有前途，民族就有希望"，理想信念既是学生继续奋斗的最大推动力，也是国家发展取之不尽的力量源泉。济南新航实验外国语学校通过调查问卷数据分析发现，中学生在学校理想信念教育的过程中还存在着一些不足，包括对中国特色社会主义认识不够深刻、对课堂理想信念教育兴趣度不高以及缺乏理想信念的实践等问题。基于这些问题，下面围绕学校的思政课堂、德育活动及校外的家庭教育三个方面，对进一步改善理想信念教育提出可行性的实施路径。

（一）理想信念教育与思政课堂

《普通高中思想政治课程标准（2017年版2020年修订）》提出："普通高中的培养目标是进一步提高学生综合素质，着力发展核心素养，使学生具有理想信念和社会责任感，具有科学文化素养和终身学习能力，具有自主发展能力和沟通合作能力。"这为学校开展理想信念教育提供了专业的理论指导。

教育实施方案中提出要将立德树人落到实处，立足于新形势下我国理想信念构建的视野，在时代不断发展的过程中，高中生受到了多元文化的冲击，在树立理想信念方面容易出现偏差。在此背景下，学校重视政治课堂，以高中思想政治课为载体，不断探索习近平总书记关于理想信念教育的重要论述在实际教学和高中政治必修教材中的耦合内容，并且针对调查问卷分析结果显示出来的目前理想信念教育在高中思想政治课中出现的问题，从不同的角度寻求解决途径。

1. 以学生为本，提高学生主体意识

思政课堂应该重视提高学生主体意识，融入学生学习，启迪学生主动认知。学生是知识接受者，教师是否了解学生学习具体动向及学生学习意识，都会直接反映到教育效果之中。因此，想要真正地让习近平总书记关于理想信念的教育入脑入心，融入高中思想政治课教学之中，就要了解学生的认知发展规律。

一是增强学生学习新论述的意识。加强习近平总书记关于理想信念教育的学习，引导学生自觉肩负起历史的重任，顽强拼搏，要有正确的学习态度，不"躺平"、不懈怠。另外，我们从调查问卷分析结果可以看出，高中生学习功利化现象较为普遍，学校从学校、教师、家庭协同育人的角度全面反思，采取措施解决问题，引导学生担当时代责任，听党话，跟党走，把中国青年真正培育成脚踏实地、有远大理想的重要力量。理想信念可以砥砺品格，要促进学生的思想形成以及品德塑造，推动学生以学习重要论述为支点，在教师的引导下正确树立并坚定自己的理想信念。

二是尊重学生的主体地位。在教育活动中，学生是受教育的一方，但是如果想要取得较好的教育效果，我们必须充分考虑学生的认知发展规律及心理接受能力，注重学生在教师课堂教学中的个体接受情况，所教知识应与学生的认知能力相匹配。习近平总书记关于坚定理想信念的重要论述内容偏向理论化、抽象化，教师在教学过程中不能过于拔高，超出学生的认知能力，也不能简单地将教材内容单向地灌输给学生，让学生以死记硬背的方式接受知识。另一方面，要引导学生自主搜集教学过程中有关习近平总书记关于坚定理想信念重要论述的生活化素材以及相应的时政新闻素材，让学生主动说出自己对重要论述的见解并与教师进行讨论，产生思维碰撞，更好地实现教师和学生的双向互动。

2. 创新课堂教学，丰富教学形式

由于高中生思维极具活跃性以及行为方式具有多塑性，学校高中思想政治课教师需要改进教学形式和创造符合学生年龄阶段特点和紧跟时代发展的方式，着重发挥习近平总书记关于坚定理想信念的重要论述融入高中思想政治课的载体作用。

一是设置议题，引领理想信念教育。议题式教学是活动型学科课程的一种重要形式，通过教师在课堂上设置议题研讨问题、学生追根求源解决疑问的一种教学方式，不仅丰富了课堂内容，也让课堂氛围变得活跃起来。例如教师讲解高中思想政治必修4教材中"弘扬中华优秀传统文化与民族精神"一课，采用议题式教学的形式对开展中学生理想信念教育提供了参考。

回顾近代中国的艰难历程，社会风云激荡，国家取得的成就使人振奋，获得的经验给我们启迪，历史是人民创造的，青年学生如何学习革命先辈的民族精神？这就需要教师通过理想信念教育方式激发学生的责任担当意识，永葆奋斗精神。

教师在讲授弘扬中华民族精神部分时，导入革命烈士杨根思在长津湖战役中没有子弹的情况下，点燃炸药引线，与敌人同归于尽、壮烈牺牲的故事，以及讲述邱少云精神，强化高中生对民族精神的理解。设置两个子议题：一是结合革命家们的故事概括民族精神的深刻内涵，二是结合2022年北京冬奥会奥运健儿以及中国航天人的真实案例讨论新时代的今天，青年学生如何学习及弘扬民族精神。在教师的不断引导下，学生再进行思考并讨论，感悟日渐增强的精神力量，加深对革命先辈的敬仰，思考自己的未来，奋楫扬帆，接好实现中华民族伟大复兴的接力棒，砥砺奋进，不负韶华。

二是创设情境，增强理想信念教育。情景教学即教师有目的有意识地创设能反映生活特点和状态的情景，从而让学生更牢固地掌握知识点。第一是可以通过影像、图文开展情境教学。例如，教师在讲解高中思想政治教材必修1"中国特色社会主义进入新时代"这一内容时，在课堂上播放《习近平为你描绘的新时代》视频短片，展示中华人民共和国成立70周年巨变动图，使学生热烈讨论时代的变化。教师创设的情境激发了学生的学习积极性和求知欲望，使学生在轻松愉悦的情境中理解和掌握知识，提高了学生的逻辑思维能力。

（二）理想信念教育与其他德育活动

思政课是落实立德树人根本任务的关键课程，是理想信念教育的主阵地，发挥着不可替代的作用。在理想信念教育方面，如果说思政课堂是理论阵地，那德育活动则是重要载体。学校自建校以来开展了一系列德育活动，已形成一套成熟的德育活动体系。以下将对校内和校外德育活动中的理想信念教育进行分析，包括重大节日、传统文化、其他学科渗透、主题班会课以及家校合作、社会实践等多个方面。

1. 以重大节日为契机，发挥节日涵育功能

重大节日是新时代爱国主义教育的重要契机与载体，包含丰富的类型和鲜明的文化特质，重大节日的爱国主义涵育功能主要包括情感熏陶、正向激励、约束引导及凝心聚力等四个方面。在重大节日时间节点通过举办德育活动来不断渗透理想信念，潜移默化地影响学生。

国庆节到来之际，学校举行"爱祖国，展风采"新航演绎时刻国庆展演，孩子们用动感十足的爱国歌曲以及桌面手势舞赞锦绣河山，颂盛世中华，喜迎伟大的祖国73华诞。与此同时，新航学子通过向祖国致敬、党史知识竞赛、主题美术作品展、献爱心、倡环保、红色"影"领等一系列丰富多彩的活动演绎爱国之情，表达对祖国的赞美，发出新航之声：请党放心，强国有我！（如图6-4、图6-5所示）一首首歌、一句句词、一幅幅作品不仅让学生沉浸其中，也在无形中激起学生的爱国之情，使理想信念教育深入人心。除此之外学校还举办迎接党的二十大、庆祝中国共青团成立一百周年的"少年心向党·青春正当红"六一庆祝活动、少先队新队员入队仪式、献礼二十大绘画作品展、宪法进校园等活动，让学生在节日活动中厚植爱国主义情怀，牢记中国重大节日，继承和发扬中华优秀传统文化。

图6-4 "爱祖国,展风采"国庆展演《爱我中华》

图6-5 国庆系列活动部分绘画、剪纸、手抄报作品

2. 深化"课程思政"建设,打造理想信念教育新阵地

理想信念教育是中小学生道德素质建设的保证,是德育的永恒主题。除了思政课堂的理想信念教育之外,学校还通过加强其他学科的"课程思政"建设,促进各类学科"课程思政"与思政课程同向同行,构建全员全过程全方位育人大格局,将学科课程打造成思政课程之外的理想信念教育新阵地。

为庆祝中国共产党建党100周年,继承革命历史传统,弘扬和培育民族精神,丰富校园文化生活,学校举办了"阳光下成长——喜迎建党100

周年"班级合唱比赛（如图6-6所示）。各参赛队伍声音洪亮，合唱形式新颖多样，《我爱你中国》《大海啊，母亲》《青春不打烊》《少年》等一首首青春励志、雄浑激昂的歌曲，展现出新航学子朝气蓬勃、奋发向上的精神面貌，唱出了同学们对实现中华民族伟大复兴中国梦的坚定信心和爱国情怀，也抒发了对党和祖国的无限热爱。该活动将音乐学科与党建联系起来，用别样的形式激发学生的爱国之情。除此之外学校还举办了美术作品中的党史（图6-7所示）、歌声中的党史、书法评比展览活动、"日新悦读"课程展示等活动。

图6-6 喜迎建党100周年班级合唱比赛

图6-7 "美术作品中的党史"活动掠影

3. 弘扬中华优秀传统文化，增强文化自信，坚定理想信念

我国传统文化博大精深，借鉴和吸收传统文化中的精华要素和有益经验，既可以为青年学生的理想信念教育提供引导路径，也可以让青年学生弘扬和继承中华优秀传统文化，增强文化自信，实现民族文化认同和文化自觉。中小学生是祖国未来的生力军，是新时代中国特色社会主义社会的新鲜血液，开展弘扬中华优秀传统文化活动，加强他们的思想政治教育建设，有利于他们树立正确的人生观、价值观和世界观。

为进一步弘扬中华优秀传统文化，特别是红色革命文化和社会主义先进文化，弘扬社会主义核心价值观，结合学校实际，学校举办主题为"诵读红色经典，不负韶华使命"升旗活动。活动中，学校全体师生整齐、响亮的朗诵声回荡在操场上空，传递出作为中华儿女的自豪和信心。除此之外，学校开展"天宫课堂"活动，既为学生播下一颗关于"星辰大海"的种子，又让学生了解现在的航天精神是我们中华民族精神的丰富和发展。学校邀请抗美援朝老战士杨兆雄老先生作讲座，老先生用参战的亲身经历，讲述抗美援朝战场的血与火的战斗历程，讲述抗美援朝战争的历史意义和重大贡献，为学生们带来了一场特殊的爱国主义专题教育，将学生们的思绪一下子拉回到70多年前的那段特殊岁月，感悟那段历史和文化（如图6-8所示）。

图6-8 爱国主题教育活动——听杨兆雄老战士讲述抗美援朝战场的血与火的战斗历程

4. 定期开展主题班会，由点及面加强理想信念教育

学校是中小学生思想政治教育的主阵地，在理想信念教育过程中，学校活动的开展非常重要，而主题班会则是学校理想信念教育活动的重要部分。主题班会有主题鲜明、贴近学生实际生活的特点，可以从具体的主题观点出发对学生进行理想信念教育，最终促进学生理想信念的整体加强。

例如，针对"新疆棉花"不断发酵事件，学校某班级特别策划了一场"'棉棉'千里情 爱国一条心"主题班会（如图6-9所示），通过云端连线的方式，与新疆小伙伴进行了一次亲密的交流和互动，当新疆新和县排先拜巴扎乡中心小学的同学们出现在大屏幕上时，班会现场气氛瞬间热烈起来。通过和新疆小伙伴们的交流，同学们感受到了一个温暖富足的新疆，感受到了大江南北共同依偎在祖国母亲怀抱里的幸福，这也让那些别有用心的谣言不攻自破。一名学生深有感触地发言说："我们为祖国的富强感到骄傲，为自己身为中华儿女感到自豪，面对某些组织的恶意诽谤与中伤，我们应该坚定立场，心怀家国情怀。"本场主题班会通过社会热点事件激发起学生的爱国之情，从而达到理想信念教育的目的。除此之外，学校还举办了开学第一课、缅怀革命先烈、献礼建党100周年等主题班会，在调动学生参与性的同时进行理想信念教育。

图6-9 "'棉棉'千里情 爱国一条心"主题班会

5. 找准理论和实践的契合点，寓理想信念教育于社会实践

社会实践是课堂教学的延伸和补充，它可以帮助学生实现理论和实践的结合。社会综合实践课程的开设，为锻造学生的心理品质提供了机遇，为深化课堂所学的内容提供了条件，有利于最大限度地发挥其在学生素质教育方面所起的特殊作用。

教育从实践中来，最终要回到实践中去。为丰富教学形式，培养学生自主、独立、团结、合作的精神以及研学实践能力，学校开展了"生物多样性保护和可持续发展""中华文明五千年"双主题教育实践活动暨选题现场调研活动，将思政课搬出课堂，增强学生文化自信，践行可持续发展道路。研学第一站，学生们来到国家宝藏场馆，感受中华文明的灿烂成就，进行了一场穿越时空之旅。在国家地理场馆，学生们使用科普设备，享受科普文化盛宴。走近"蛟龙号"、挑战耐力、感受航天员失重感，学生们通过亲身体验，感受科技的奥秘，激发研究问题的兴趣，让科学的种子在心中生根发芽，也进一步坚定了科技强国的信念与信心。除此之外，学校还通过在市内快闪歌唱的活动，传递爱国正能量；通过家乡探访的活动，让学生们体验同学间不同的成长环境。

图 6-10　参观中国国家地理场馆

图 6-11 "生物多样性保护和可持续发展"
"中华文明五千年"双主题教育实践活动

6. 家校合作，实现理想信念教育成效最优化

家校合作即家庭与学校以沟通为基础，相互配合、合力育人的一种教育形式。理想信念教育的开展离不开家庭的参与，家校合作、协同共育，更有助于促进学生思想道德素养的提升和发展，进一步坚定理想信念。

为帮助和引导家长树立正确的家庭教育理念，提升家庭教育水平，掌握科学的家庭教育方法，实现教育成效的最优化，新航实验"家长学堂"正式开讲，深入浅出的理论指引、发人深思的案例分享，吸引了首期学生家长自愿报名参加，有家长感慨"立志做一名认真刻苦的好学生"。讲座从教育的规律、亲子教育的黄金法则、抓住教育的黄金时期三个方面，详细分析了家庭教育的重要性以及如何做智慧父母。新航实验"家长学堂"为系列课程，每两周一次课，一期共十次课程。该课程不仅致力于提升家长的教育观念，也彰显新航实验的教育理念，帮助更多学生家长系统学习家庭教育相关理论与育人方式，以教育改善家庭，营造积极向上的家风，培育践行社会主义核心价值观、传承弘扬中华传统家庭美德，让家庭助力教育，家校携手，共同助力新航实验学子走向美好明天。

在坚定理想信念上下功夫

图6-12 新航实验"家长学堂"正式开讲

习近平总书记指出:"心有所信,方能行远。面向未来,走好新时代的长征路,我们更需要坚定理想信念、矢志拼搏奋斗。"习近平总书记的重要论述,指明了坚定理想信念对于走好新时代长征路的重要意义。党和国家历来非常重视有关理想信念的教育工作,理想信念教育在任何学段都是德育的永恒主题,而高中生理想信念教育更是高中德育的重中之重。济南新航实验外国语学校不断加强师资队伍建设,积极创新教育模式,营造良好的校园文化,针对理想信念教育中存在的一些亟待改进的问题,从学生的入学教育到德育活动,从思政课堂到各学科"课程思政",从家庭到学校再到社会全员育人,探索出了一条对高中生理想信念教育行之有效的道路。同时,不断改进课堂教学和德育活动的方式,与时俱进,不断为青年学生注入丰厚的精神之"钙",为学生的发展提供正确导向。

附录　新时代中学生理想信念教育现状调查问卷

亲爱的同学：

　　你好！

　　非常感谢你能抽出时间参加由济南市教育教学研究院高中思政学科组织的新时代中学生理想信念教育现状相关调查。这次调查旨在了解济南市中学生理想信念教育的培养现状，寻求相应的对策。你的填写信息将直接关系到本研究的质量与价值。

　　问卷实行无记名的方式，希望你如实填写，不要有任何顾虑。

　　第1至17题为单项选择题，只选一个答案；第18、19题为多选题。真诚感谢你对本课题研究的大力支持与配合！

1. 你现在所在的学习阶段是　　　　　　　　　　　　　　（　　）
   A. 初中　　　　　　B. 高中
2. 你平时关注时政要闻吗？　　　　　　　　　　　　　　（　　）
   A. 经常关注　　　　B. 偶尔关注　　　　C. 从不关注
3. 有人认为，现在我们国家经济发展了，人民生活水平提高了，再讲艰苦

奋斗的精神已经过时了。你是否赞同这一观点？　　　　（　　）

　　A. 非常赞同　　　　B. 赞同　　　　　C. 不赞同

4. 面对严峻的洪涝灾害，广大干部群众义无反顾、勇敢地冲向抗击灾害第一线。面对人生道路上的困难和挑战，你会如何选择？　（　　）

　　A. 迎难而上，永不放弃

　　B. 犹豫徘徊，左右迟疑

　　C. 放弃理想，自暴自弃

5. 每当星期一的早晨，我们在操场上排着整齐的队伍，举行庄严的升旗仪式。五星红旗冉冉升起，我们大声齐唱国歌，"起来，起来，起来，我们＿＿＿＿＿，冒着敌人的炮火前进"。请你对国歌进行填词。（　　）

　　A. 万众一心　　　　B. 团结一致　　　　C. 奋勇向前

6. 中国共产党成立的时间和标志性事件是　　　　　　　（　　）

　　A. 1921年7月，中共一大的召开

　　B. 1919年5月，五四运动的爆发

　　C. 1927年8月，南昌起义的爆发

7. 作为一名中国共产党党员，在身陷囹圄后，面对敌人的严刑和利诱毫不动摇，他以笔代枪，凭着对革命事业的巨大热忱，克服重重困难写下了《可爱的中国》，就义时年仅36岁。临刑前，他留下遗言："敌人只能砍下我们的头颅，绝不能动摇我们的信仰。我们信仰的主义，乃是宇宙的真理！"这位革命先辈是　　　　　　　　　　　　　　（　　）

　　A. 方志敏　　　　　B. 瞿秋白　　　　　C. 夏明翰

8. 作出我国实行改革开放重大决策的会议是　　　　　　（　　）

　　A. 1977年党的十 大

　　B. 1978年党的十一届三中全会

　　C. 1984年党的十二届三中全会

9. 我国在全面建成小康社会、实现第一个百年奋斗目标之后,乘势而上开启全面建设社会主义现代化国家新征程、向第二个百年奋斗目标进军的第一个五年。这个五年是指 （　　）

　　A. "十四五"规划　　B. "十三五"规划　　C. "十二五"规划

10. 2020 年,在全球经济低迷的情况下,中国在世界主要经济体中率先实现经济正增长,对此你认为 （　　）

　　A. 中国特色社会主义制度具有无可比拟的优越性

　　B. 中国已经进入发达国家行列,有很强的抵御风险能力

　　C. 中国经济只是一种暂时的增长

11. 他被誉为"世界杂交水稻之父",被授予"共和国勋章",多年来始终在农业科研第一线辛勤耕耘,不仅为解决中国人民的温饱和保障国家粮食安全作出了贡献,更为世界和平和社会进步树立了丰碑。他就是（　　）

　　A. 袁隆平　　　　　B. 李登海　　　　　C. 钟南山

12. 北京师范大学毕业的硕士研究生黄文秀,放弃大城市的工作机会,选择回到边远贫穷的家乡支援建设。担任驻村书记期间,她为村民脱贫致富倾注了全部心血和汗水。在一次扶贫路上,她遭遇山洪,不幸遇难,把 30 岁的生命献给了扶贫事业。你认为黄文秀的牺牲 （　　）

　　A. 值得,她将宝贵的生命献给国家和人民,令人敬佩

　　B. 不值得,年纪轻轻的名牌大学生就此错过了多少美好安逸的日子,真可惜

　　C. 不清楚

13. 中国共产主义的先驱、中国共产党的主要创始人李大钊曾预言:"试看将来的环球,必是赤旗的世界!"你是否赞同这一观点 （　　）

　　A. 赞同,共产主义是人类社会发展的必然趋势

　　B. 不赞同,共产主义只是一种美好的空想,不可能实现

C. 不清楚、不了解

14. 到 21 世纪中叶，我国将建成富强民主文明和谐美丽的社会主义现代化强国，实现中华民族伟大复兴的中国梦。你认为中国梦与个人梦的关系是 （   ）

    A. 应该把个人梦融入中国梦的实现

    B. 中国梦实现了，个人梦就实现了

    C. 个人梦实现了，中国梦就实现了

15. 你在学校接受的理想信念教育主要是在 （   ）

    A. 思想政治（道德与法治）课堂上

    B. 班级和学校的其他德育活动中

    C. 其他课程中

16. 你认为思想政治（道德与法治）课对你坚定理想信念所起的作用（   ）

    A. 非常大　　　　　B. 比较大　　　　　C. 不大

17. 你认为"行走的思政课"对增强学生理想信念的效果 （   ）

    A. 非常好　　　　　B. 比较好　　　　　C. 收效甚微

18. （多选）你认为当前学校思想政治（道德与法治）课教学中存在的问题是 （   ）

    A. 理论脱离实际　　B. 单纯的理论灌输　　C. 画书背书

19. （多选）某歌手在歌曲《青春恰时来》中唱道："2025 和 2035，我们奋斗，我们期待，活着就要活出精彩，这是属于我的舞台。"作为时代新人，你准备怎样用青春创造锦绣新时代？ （   ）

    A. 树立远大理想　　　　　B. 热爱伟大祖国

    C. 担当时代责任　　　　　D. 勇于砥砺奋斗

    E. 练就过硬本领　　　　　F. 锤炼品德修为